事業者必携

入門図解 ◆これだけは知っておきたい◆
介護施設の法律問題・施設管理
マニュアル

行政書士
若林 美佳 監修

三修社

本書に関するお問い合わせについて
　本書の内容に関するお問い合わせは、お手数ですが、小社あてに郵便・ファックス・メールでお願いします。お電話でのお問い合わせはお受けしておりません。内容によっては、ご質問をお受けしてから回答をご送付するまでに1週間から2週間程度を要する場合があります。
　なお、個別の案件についてのご相談や監修者紹介の可否については回答をさせていただくことができません。あらかじめご了承ください。

はじめに

　核家族化が進んだ今日では家族が高齢者と離れて生活していることも多く、高齢者の状況にもよりますが、身内による介護だけでは対応できないのが実情です。その点からすると、今や日本が抱えている最大の課題とも言うべき「介護」についてサービスを提供する施設・事業者の役割は、今後もより一層重要になるということができるでしょう。

　需要がある一方で、介護事業者は多くの問題を抱えています。特に深刻な問題が人材の確保です。介護事業はその業務内容が過酷・激務であるにもかかわらず、給与面などの待遇が低くそれに伴って離職率が高いという状況にあります。

　待遇の引上げや職員の離職防止といった問題については社会的に取り上げられることも多いため、法令の整備などは進んでいくことになるでしょう。ただし、法令の制定は実施時期なども明確でなく、また法律が整備されればそれだけで各施設・事業者が抱えている個別の問題が解決されるというわけでもありません。それぞれの事業者が解決策を考えていくことが大切です。

　事業として介護を考えるとなると介護事業の運営によって利益を上げなければなりませんが、利益優先が行き過ぎてしまうと、現場の不満や苦労に対する理解が二の次になっていまい、職員がついていけず、結果として事業の運営も成り立たなくなってしまうという悪循環が生じかねません。経営者は経営理念を明確にし、経営する介護事業で働く従業員がいきいきと笑顔で仕事に取り組めるような環境を整えるようにしなければなりません。

　本書は介護施設・サービス事業者が知っておくべき各種法律問題を解説した入門書です。トラブルが生じやすい、入居者との契約や不払いを巡る問題、職員の賃金・労働時間・メンタルヘルスケアなど施設従業員の労務、などの問題について広く取り上げました。

　近年は、誤嚥や床ずれ、職員の暴力、管理の不備など、介護施設に

おける事故が報道されることもありますが、施設内で生じる可能性がある事故や、事故を未然に防ぐ方法、事故が生じたときの責任といった事項についても解説しています。

　また、介護報酬請求事務や入居者の財産管理や介護施設についての消防法の規制など、施設・サービス事業者として合わせて知っておくべき事項についても記載を加えました。

　本書をご活用いただき、介護施設やサービスの事業者・事務担当者の方の問題解決に役立てていただければ監修者として幸いです。

監修者　行政書士　若林　美佳

Contents

はじめに

第1章　施設管理の基本事項

1. 介護施設について知っておこう　　10
2. 介護施設の組織について知っておこう　　16
3. スタッフの管理が重要になる　　18
4. 介護施設の事業収入はどのようになっているのか　　22
5. 介護施設の抱える問題点について知っておこう　　24
6. 事業者の監督体制について知っておこう　　27

第2章　入所者との契約や不払いをめぐる問題

1. 介護施設での契約にはどんなものがあるのか　　32
2. 介護施設をめぐる法律問題をおさえておこう　　35
3. トラブルを防ぐためにどんなことに注意すべきか　　38
4. 入居一時金をめぐる問題について知っておこう　　42
5. 回収しなければならない場合について知っておこう　　46
6. 月額利用料の滞納について知っておこう　　53
7. どんな法的回収手段があるのか　　55

第3章　従業員を雇った場合の法律知識

1. 職員の労働形態にはさまざまなパターンがある　　60

2	派遣職員の管理について知っておこう	62
3	高齢者雇用について知っておこう	68
	Q 介護職員として外国人を受け入れる方法には、どのようなものがあるのでしょうか。また、どんな問題があるのでしょうか。	71
4	採用についての法律問題をおさえておこう	72
5	雇用契約の締結上のルールをおさえておこう	76
6	職員の労働条件を規制する法律について知っておこう	79
7	就業規則について知っておこう	81
8	賃金・労働時間・休日のルールについて知っておこう	84
	Q 最低賃金とはどのようなものなのでしょうか。	88
9	有給休暇について知っておこう	89
	Q 平均賃金とはどのようなものなのでしょうか。	94
10	病気やケガをした際の制度について知っておこう	95
11	業務中や通勤中の事故について知っておこう	99
12	職員の時間外労働と割増賃金について知っておこう	101
13	シフト制と変形労働時間制について知っておこう	105
14	出産・育児に関わる休業・休暇について知っておこう	109
15	介護に関わる休業・休暇について知っておこう	115
16	施設のメンタルヘルス対策について知っておこう	119
17	職員のケアをどのように行えばよいのか	123
18	職場復帰について知っておこう	128

19 ストレスチェック制度について知っておこう　131
20 退職について知っておこう　135
21 解雇はどのように行うのか　138
22 有期職員の雇止めに関する法律問題をおさえておこう　141
23 その他労務管理における注意点について知っておこう　144
24 セクハラ、パワハラについて知っておこう　146
25 問題があった場合の懲戒処分について知っておこう　149

第4章　介護事故と施設の責任

1 職員や施設はどんな責任を負うのか　154
2 事故が起こった場合のリスクと対応について知っておこう　157
3 転倒・転落事故と責任について知っておこう　159
4 誤嚥事故と責任について知っておこう　162
5 身体拘束の問題と責任について知っておこう　164
6 床ずれの問題と責任について知っておこう　166
7 徘徊・無断外出・失踪と責任について知っておこう　168
8 暴力・虐待と責任について知っておこう　170
9 管理の不備に基づく事故と責任について知っておこう　175

第5章　介護保険と介護報酬のしくみ

1 介護保険制度の全体像をおさえよう　178

2	介護保険サービスについて知っておこう	181
3	介護サービス利用にかかる費用やサービスの提供について知っておこう	183
4	ケアマネジメント・ケアプランについて知っておこう	187
5	介護報酬はどのように決まるのか	190
6	介護報酬請求事務について知っておこう	192

第6章　施設運営に必要なその他の事項

1	感染症対策について知っておこう	196
2	消防法で求められる規制について知っておこう	199
3	金銭管理が必要な場合について知っておこう	205
	Q 入居者の中には判断能力が衰えていると思われる人がいるのですが、財産管理などの点で有効に利用できる制度はあるのでしょうか。	207
4	高齢者が加入する公的医療保険について知っておこう	209
5	生活保護について知っておこう	213
6	苦情対応や情報の公表について知っておこう	216
7	マイナンバーについて知っておこう	218

第1章
施設管理の基本事項

介護施設について知っておこう

在宅や施設でさまざまなサービスが行われる

● 介護サービスにはどんな分類があるのか

　介護事業者（介護施設）が行うサービスにはさまざまな種類があります。基本的には介護保険制度に基づいてサービスが行われます。介護保険のサービスは大きく分けると、①居宅（在宅）サービス、②施設サービス、③地域密着型サービスに分類できます。

● 居宅（在宅）でのサービス

　利用者が居宅（在宅）で受けることができる介護事業者のサービスは以下の通りです。

・訪問介護

　支援を必要とする高齢者の自宅に訪問介護員（ホームヘルパー）が訪問し、必要なサービスを提供するサービスです。訪問介護には、身体介護と生活援助の2種類があります。身体介護には、トイレの利用介助や食事の介助などが挙げられます。一方、生活援助とは、掃除や洗濯など身近な世話を指します。

・訪問入浴介護

　数人の介護者、看護師などが要介護者や要支援者に対して入浴サービスを提供するサービスのことです。

・訪問看護

　医師の指示を受けた看護師や保健師などの医療従事者が行う医学的なケアを施すサービスです。業務内容としては、血圧測定や体温測定などによる状態観察、食事、排せつ、入浴などの日常生活のケア、服薬管理、褥瘡処置などの医療処置などが挙げられます。

・訪問リハビリテーション
　理学療法士などが利用者の自宅を訪問してリハビリテーションを行うサービスです。

・居宅療養管理指導
　療養が必要な人や家族の不安を軽減するサービスです。医師や歯科医師の指示を受けた薬剤師や管理栄養士、歯科衛生士、保健師、看護師などの専門職が療養に関する管理、指導などを行うことができるようになっています。

・通所介護（デイサービス）
　日帰りの日常生活の訓練、食事や入浴の介護を施設で受けられるサービスです。通所介護は一般的にデイサービスと呼ばれ、在宅介護を必要とする人に広く利用されている介護サービスです。

・通所リハビリテーション（デイケアサービス）
　病気やケガなどにより身体機能が低下した高齢者に、継続的にリハビリテーションを施し、機能回復あるいは維持を図ることを目的としたサービスです。

・短期入所生活介護と短期入所療養介護（ショートステイ）
　短期入所生活介護および短期入所療養介護は、ショートステイと呼ばれるサービスです。介護が必要な高齢者を一時的に施設に受け入れ、短期入所生活介護の場合は食事や入浴、排せつ、就寝といった日常生活の支援を、短期入所療養介護の場合は医療的なケアを含めた日常生活の支援を行います。

・特定施設入居者生活介護
　有料老人ホームなどのケアつきの住宅のうち、特定施設として認められている施設に入居していてサービスの提供を受ける場合です。有料老人ホームへの入居という形態からすると、居宅ではなく施設でのサービスのようにも思われますが、介護保険上は居宅サービスとして分類されている点に注意が必要です。

● 介護保険制度の施設利用

　介護保険施設は、原則として在宅で介護を受けることができない状態になった場合に利用が考えられるサービスです。介護保険施設には①指定介護老人福祉施設（特別養護老人ホーム）、②介護老人保健施設、③指定介護療養型医療施設の3種類があります。

・指定介護老人福祉施設（特別養護老人ホーム）

　常時介護が必要なため、居宅で生活することが困難な者が入所する施設です。介護保険法上は介護老人福祉施設と呼ばれています。平成26年に行われた制度改正により、新規の入居者は原則として要介護3以上であることが要件になりました。小規模の特別養護老人ホームとして地域密着型介護老人福祉施設と呼ばれる施設もあります。

・介護老人保健施設

　介護老人保健施設は、医療的な視野から介護サービスを提供する一方で、機能訓練なども行い、入所している要介護者が自宅で生活できる状況をめざす施設サービスです。特別養護老人ホームと比べると医療関係のサービスが多く、実際の人員も医療関係の職員が多く配置されているものの、入所期間については原則として3か月に限定されています。

・指定介護療養型医療施設

　指定介護療養型医療施設は、介護サービスも提供する医療施設です。医療的な体制が整っていない介護施設に入所する場合、介護サービスの点では問題がない状態でも、医療的な看護を受けられないのでは不安が残ります。こうした高齢者を対象としているのが、指定介護療養型医療施設です。指定介護療養型医療施設を利用できるのは要介護者のみで、要支援者は利用することはできません。

　なお、指定介護療養型医療施設は、医療費の抑制・適正化のために、平成23年度末には廃止される予定でしたが、廃止時期が平成29年度末まで、先送りされることになりました。

● その他の施設

　指定介護老人福祉施設（特別養護老人ホーム）・介護老人保健施設・指定介護療養型医療施設以外にも、養護老人ホーム、軽費老人ホーム、有料老人ホームといった施設があります。

　これらの施設は利用者が入所する点では変わりがないのですが、介護保険制度上の施設サービスが行われる施設には該当しません。ただし、介護サービスが行われないわけではなく、特定施設入居者生活介護（11ページ）により、介護保険のサービスの提供が行われることになります。

・養護老人ホーム

　環境上の理由と経済的理由により、居宅において養護を受けることが難しい高齢者（65歳以上）が入所するのが養護老人ホームです。入所は、市区町村の措置に基づいて行われます。

　養護老人ホームは主に所得の低い人や虐待を受けている高齢者などを救済するための施設です。そのため、対象となる入居者は、市町村の入居措置を受けた者に限られます。

・軽費老人ホーム

　原則として60歳以上の高齢者に無料または低額で、住居や食事など、日常生活に必要な便宜を提供する施設です。軽費老人ホームには、①食事サービスを受けられるA型と、②自炊が条件とされているB型、③介護が必要になった場合に入居したまま外部の介護サービスを受けることができるケアハウスの3つの形態があります。

　A型は入居時の所得制限がありますが、B型とケアハウスには所得制限はありません。近年は、民間事業者の参入ができるようになったケアハウスが増加しています。

・有料老人ホーム

　自らの意志で老後生活をより快適に過ごすための施設であり、老人福祉法の老人福祉施設とは異なります。申込みは直接施設に行い、利

用負担については設置者との契約によります。入居対象者は施設によって異なりますが、おおむね60歳以上か65歳以上の高齢者です。居住の権利形態としては、「利用権方式」「建物賃貸借方式」「終身建物賃貸借方式」などがあります。また、サービス提供の形態としては、「住宅型」「健康型」「介護つき」といった分類があります。

● 地域密着型サービス

　地域密着型サービスとは、地域に住む要介護者・要支援者に向けて、市町村の指定を受けた事業者が提供するサービスです。地域密着型サービスの目的は、認知症の高齢者・一人暮らしの高齢者・支援を必要とする高齢者が住み慣れた地域で生活を続けられるようにする点にあります。

　もともとその地域（市区町村）に住む要介護者に向けて提供されるもので、認知症や一人暮らしの高齢者がなるべく住み慣れた地域で生活を続けることができるようにするために、さまざまなサービスを必要に応じて組み合わせることができるようになっています。

　地域密着型サービスには、①定期巡回・随時対応型訪問介護看護、②夜間対応型訪問介護、③地域密着型通所介護、④認知症対応型通所介護（デイサービス）、⑤小規模多機能型居宅介護、⑥認知症対応型共同生活介護（グループホーム）、⑦地域密着型特定施設入居者生活介護（小規模の介護専用型有料老人ホームなど）、⑧地域密着型介護老人福祉施設入所者生活介護（小規模の特別養護老人ホーム）、⑨複合型サービス、の9種類があります。このうち、要支援者は、小規模多機能型居宅介護、認知症対応型通所介護、認知症対応型共同生活介護（要支援2のみ）のサービスが利用できます。

　なお、③の地域密着型通所介護は、介護保険制度の改正に伴い、平成28年4月から新しく地域密着型サービスに加わったサービスです。居宅サービスの1つである通所介護（11ページ）について、利用定員

が18人以下の通所介護事業所（小規模通所介護事業所）が提供するサービスは、平成28年4月から地域密着型サービスに移行しました。この地域密着型通所介護を利用できるのは、要介護1～5と判定された当該自治体の被保険者です。要支援者は利用できない点に注意が必要です。ただし、他の自治体の被保険者であっても、平成28年3月31日時点ですでに利用契約をしている者については、例外として、平成28年4月以降も地域密着型通所介護事業所のサービスを継続して利用することができます。

■ 地域密着型サービスの種類と特徴

種類	特徴
定期巡回・随時対応型訪問介護看護	訪問介護と訪問看護を密接に連携させながら24時間体制で短時間の定期巡回型訪問と随時の対応を一体的に行う
夜間対応型訪問介護	夜間に定期的に要介護者宅を訪れる巡回サービスを提供する
地域密着型通所介護	事業所の利用定員が18人以下の小規模通所介護事業所が要介護者に対して日常生活上の支援や生活機能向上のための機能訓練などを行う
認知症対応型通所介護	認知症の人に対して、一定期間デイサービスセンターなどの施設でサービスを提供する
小規模多機能型居宅介護	24時間体制でさまざまな形態でサービスを提供（通いが中心、自宅への訪問・施設への宿泊も可能）
認知症対応型共同生活介護	認知症の人（要支援2以上）に対して入浴・排泄・食事の介護、日常生活上の支援を行う
地域密着型特定施設入居者生活介護	定員29人以下の有料老人ホームなどの入所者に対して入浴・排泄・食事の介護日常生活上の支援を行う
地域密着型介護老人福祉施設入所者生活介護	定員29人以下の特別養護老人ホームに入所する要介護者に対して入浴・排泄・食事の介護などを行う
複合型サービス	複合型事業所を創設し、1つの事業所から、さまざまなサービスが組み合わせて提供するサービス

介護施設の組織について知っておこう

多くの施設ではユニット介護方式がとられている

● どんな組織になっているのか

　特に、入居型の介護施設の組織構造に関しては、入居者の数や提供するサービスの内容に応じて、以下のような人員が配置されることが一般的です。医療ケア、日常生活のケア、リハビリなど、利用者ごとのニーズは多様ですので、それに応じて、介護施設は異なる分野の専門職により組織されているという特徴が挙げられます。

　まず、介護施設の**施設長**は、介護施設の管理者として、常勤者として必ず配置されなければなりません。また、施設利用者100人に対して1人の割合で、生活相談員がいなければなりません。

　そして、介護職員については、常に1人以上が駐在していなければならず、高齢者が利用者の多くを占める介護施設では、適切な医療サービスが提供される必要があります。そのため、看護職員（看護師、または、准看護師）を、①利用者が30名未満の場合は、1人以上配置し、②利用者が30名以上の場合は、30名を超えて50名またはその端数の利用者が増えるごとに1人加えた人数の看護職員を配置しなければなりません。その他、理学療法士・作業療法士・言語聴覚士・看護職員・柔道整復師・あん摩マッサージ指圧師の資格を持つ者1名を、機能訓練指導員として配置する介護施設が一般的です。

　なお、職員は、フロア専属のスタッフとして、そのフロアにいる利用者一人ひとりの健康状態や嗜好などを把握して、きめ細かく対応することが可能なように、「ユニット介護方式」という、いわばフロア専属のスタッフとして配置されるシステムが採用されていることが、非常に多くなっています。

ユニット介護方式が採用される主要なメリットとして、適切な人員配置が可能になることが挙げられます。

つまり、介護度などに応じて、各利用者の状況に応じた体制をとることは、同時に適切なスタッフの配置を可能にします。たとえば、主に医療サービスを必要とする利用者が多いフロアには、看護職員が多く配置される必要があります。認知症の症状が出ている利用者がいるフロアには、多くの人員を配置することで、利用者の適切な介護体制をとることが可能になります。また、いつも同じ職員が担当することは利用者にとっても、安心感が増すことになります。

● 委員会活動もある

多くの介護施設では、職員全員が、各種委員会活動を通じて、ステップアップやキャリア形成を可能にする制度が整えられています。

つまり、職員は、いずれかの委員会に所属して、1か月に1回程度の委員会において、特定の目標に基づき、全体会議などで意識を共有し、または、外部の専門家等を招いて研修などを行うことにより、職員全体のレベルアップを図ることができます。

■ 職員の主な委員会活動

主な委員会	活動内容
教育委員会	職員の研修
安全管理推進委員会	リスク管理に関する活動
感染予防推進委員会	衛生管理・感染症の予防等に関する活動
行事委員会	年間行事の企画・運営
床ずれ予防委員会	床ずれ発生の防止に関する活動
栄養管理委員会	利用者の栄養失調の防止
抑制廃止推進委員会	利用者の心身の拘束を伴うサービスの減少

③ スタッフの管理が重要になる

さまざまな職種の職員について、シフト制の中で適切な人員配置が必要になる

● どんな職種が必要なのか

　介護施設では、さまざまな職種の人が働いています。各職種は専門職であり、それぞれが専門性のある分野を担当しつつ、1つのまとまった介護サービスを提供することが可能な体制を整えているという特徴があります。具体的には、どのような職種の人々が働いているのでしょうか。主な職種に注目して、以下のように整理してみましょう。

① **医療に関する職業**

　医療に関する職種としては、医師および看護師が挙げられます。医師は、医師にしか認められていない、診断や治療などの医療行為を中心にして、利用者の健康状態を考慮しながら、他の職種の職員に対して指示を行います。たとえば、その時に応じて、利用者に必要な医療サービスを見極めた上で、看護職やリハビリ専門職への指示を行います。

　これに対して、看護師は、医学的知識を活かしたケアサービスの提供と、病院のように医師が多くない介護施設では、利用者のケアサービスの主導的役割を担います。

② **リハビリに関する職業**

　介護施設において、リハビリ専門職は、利用者に対するリハビリ計画の作成およびリハビリの実施を行います。具体的に、理学療法士・作業療法士・言語聴覚士・臨床心理士などが挙げられます。

　専門的リハ（心身の機能を維持し、自立した生活を送るために必要な機能訓練など）の提供、他職種も含めて実践する生活機能向上プログラムの指導を行います。

③ **介護職員**

介護福祉士は、主に日常的な介護サービスの提供を行います。日常生活に、何らかの支障を持った利用者が多い介護施設では、もっとも人数が多い職種です。数が多く、移動・食事・清潔などに関する日常的なケアを提供する主役です。また、ベッドから車いすへの移乗や歩行補助から、生活を送る上で必要な買い物に至るまで、日常的な家事全般に関するサポートを行い、利用者の快適な生活を支えています。介護職員には、国家資格である介護福祉士の他にも、ヘルパー資格保持者などが挙げられます。

④ **介護支援専門員（ケアマネジャー）**

　介護支援専門員（ケアマネジャー）は、利用者の希望にあわせて、提供する介護サービスの利用方法などの調整を担います。介護支援専門員は、すでに他の医療・福祉系職種を持っている人だけが資格試験に合格することで、なることができる専門職です。

⑤ **その他**

　以上の専門職の他には、介護施設の事務を担当する事務職員や、利用者に提供する食事を作る調理師等が挙げられます。

● どんな特徴があるのか

　介護施設における労働環境にはさまざまな特徴があります。

　まず、各種異なる専門職を持つ職員は、常勤職員・パート職員・契約職員・派遣職員など、職員ごとに異なる、さまざまな雇用形態で雇われているということが挙げられます。

　また、勤務時間が24時間体制が要求されることもあり、一人の職員の仕事効率の向上と、過酷な職務であることが多いため、離職率も高いことから、業務への定着が過大であるといわれています。

　さらに、最近では施設の在宅化が図られている施設が増加していることに伴って、利用者ごとに、いわば利用者の専任の職員が担当することができるように、ユニット型施設への移行が進んでいます。

第1章　施設管理の基本事項

● 最低限確保しなければならない人員基準がある

　介護施設のうち、介護付有料老人ホームは、一般に、3人の要介護者に対して、1人以上の介護、または、看護の職員を配置することが義務付けられています。この最低基準では、入居者3名（要介護、要支援2の高齢者）に対して1名を配置するとされています。したがって、これを単純に表記すると利用者と職員の割合は、「3：1」となります。また、要支援1の利用者10名に対して、看護職員と介護職員を合わせて1名と定められています。

　もっとも、要介護者に対して、24時間中、常に1名の職員を配置しなければならないわけではありません。ここで、常勤換算という考え方が用いられています。つまり、1日8時間働いて週5日勤務の40時間を基準とする常勤換算を用いて、実際には要介護者10名に対して、職員1名程度が最低基準といえます。

■ 特別養護老人ホームの人員基準

	人　員	配置基準		
①	医　師	入所者に対して健康管理・療養上の指導を行うのに必要な人数		
②	生活相談員	入所者数が100名に対して1名以上		
③	介護職員・ 看護職員 （看護師・准看護師）	【総数】：入所者数が3名に対して1名以上		
		看護職員	入所者数30名以下：1名以上	
			入所者数31～50名以下：2名以上	
			入所者数51～130名以下：3名以上	
			入所者数131名以上：4名（入所者130名増加ごとに1名増加）	
④	栄　養　士	1名以上		
⑤	機能訓練指導員	1名以上		
⑥	介護支援専門員	入所者数が100名に対して1名以上		

● シフト勤務体制をとっている

　介護の仕事をする場合、前もって勤務体制を把握しておかなければなりません。そもそも、介護は24時間体制で仕事することが多いようです。

　介護施設では、4交代制というシフトを採用している場合が多くなっています。つまり、①午前7時頃から午後4時頃まで（早番）、②午前9時頃から午後6時頃まで（日勤）、③午前11時頃から午後8時頃まで（遅番）、④午後5時頃から翌午前10時頃まで（夜勤）という4つの時間帯を基本に、シフトを決定していくことになります。いずれの時間帯であっても、適切な休憩時間を設けなければなりません。

● シフトの編成と要員配置がポイントになる

　多くの施設では、人手を多く必要とする時間帯には、多くのスタッフを配置する体制をとっています。ほとんどの施設では、1日の中でも食事や入浴の対応などの人手が多くかかる時間帯にスタッフを増やし、夜間は少人数の体制で対応している介護施設が多いようです。

■ 有料老人ホーム（特定施設入居者生活介護）の人員基準 ……

	人　員	配置基準	
①	生活相談員	入所者数が100名に対して1名以上	
②	介護職員・看護職員 （看護師・准看護師）	【総数】：入所者数が3名に対して1名以上 ※介護職員は常に1名以上の確保が必要	
		看護職員	入所者数30名以下：1名以上
			入所者数31名以上：1名＋入所者50名増加ごとに1名以上
③	機能訓練指導員	1名以上	
④	計画作成担当者	1名以上（入所者数が100名増加ごとに1名以上が基準）	

介護施設の事業収入はどのようになっているのか

介護報酬と利用者が負担する実費負担という2種類の事業収入を得ている

● 介護報酬と実費負担から構成されている

　介護施設が得る事業収入は、大きく分けて、介護報酬と実費負担とに分けることができます。

　介護報酬による収入とは介護保険の施設介護料による介護報酬収入をいいます。利用者が保険給付の介護サービスを利用した場合、サービス費用の原則として1割を利用者が負担することになり、9割が介護保険から支払われることになります（ただし、一定以上の所得者は2割を利用者本人が自己負担）。

　これに対して、**実費負担による収入**とは、利用者自身が負担する金額を指します。介護サービス自体ではありませんが、たとえば入所型の介護施設を利用する場合などには、水道・光熱費等の費用が必要になります。

　これらは、原則として、介護保険からの支給により賄うのではなく、利用者自身が負担しなければならない金額です。もっとも、利用者の中には、所得が低い人がいるため、一律に自己負担としてしまうと、介護施設を適切に利用する機会を奪ってしまうことになりかねません。そこで、生活保護を受給しているなどの、利用者が置かれている状況に応じて、自己負担額部分についても、利用者が公費による支援を受けて、介護施設側に料金を支払う場合もあります。

● 介護報酬について

　介護報酬とは、介護保険制度において、介護サービス事業者や施設が、利用者にサービスを提供した場合に、サービスの対価として事業

者に支払われる報酬をいいます。したがって、介護サービスの直接の値段ということができます。

　原則として介護報酬の１割は利用者が負担し、残りの９割は保険料と公費により賄われている介護保険から支給されます。

　介護報酬に関しては、厚生労働大臣が、社会保障審議会の意見を聴いて定めることになっています。在宅サービス12種類、施設サービス３種類、その他、ケアプランの作成という合計16種類の介護サービスについて、利用者の要介護度やサービスにかかる時間別に、単価が定められています。この単価は**単位**と呼ばれ、１単位は約10円に設定されています。

　介護報酬は３年ごとに見直されることになっています。平成27年度の介護報酬改定においては、たとえば、中重度の要介護状態の利用者が在宅生活を継続できるように、24時間365日の在宅生活を支援する定期巡回・随時対応型訪問介護看護という介護体制を念頭に置いて、通所・訪問・宿泊という一体的なサービスを組み合わせて提供する、包括的な報酬サービス体制の強化等が図られました。そして、賃金・物価の状況、介護事業者の経営状況などをふまえて、全体的に介護報酬は平均して２～３％の引下げが行われました。

● 利用者から徴収する実費にはどんなものがあるのか

　実費には、主に居住費・食費・その他日常生活に必要な費用が含まれます。居住費は、施設や居室のタイプにより異なり、多床室よりも個室の方が高く設定されています。そして食費は、主に施設で提供される食事にかかる費用のことです。

　なお、その他日常生活費として、電話代や理美容代、新聞・雑誌などの項目・料金が設定されていますが、これらは施設ごとに異なる料金体系が設けられています。

5 介護施設の抱える問題点について知っておこう

施設間競争や倒産件数の増加、人材不足といった問題がある

● 介護施設をとりまく状況

　介護施設は、近年倒産件数の増加が目立っています。内訳を見ると、小規模な事業者が運営している介護施設、および、特に他業種から介護業界に進出した介護施設の倒産件数が著しい状態になっています。

　介護施設は、深刻な人手不足という根本的な問題を抱えていますが、十分な人手を確保できない事業者は、介護事業を開始すること自体が困難であり、人手不足の問題と関連して、経営を圧迫する結果、倒産に至ってしまう事業者が、経営の地盤が薄弱な小規模事業者ほど多くなっています。また、他業種から新規に介護施設の運営に乗り出した事業者の中には、取り扱う事業が膨大な介護事業で、適確なノウハウを得ることができずに、運営に失敗してしまうというケースもあります。

　また、民間の有料老人ホームなどでは、施設間の競争が激しい市場を形成しています。激しい競争の結果、利用者にとってはうれしいサービスがたくさん登場することになります。これは利用者にとってメリットになりますが、その反面、利益を優先するような施設を生み出すことにもつながっています。利益優先型の施設では、提供するサービスの実態を考慮せずに、無理な集客を行うことで、結果的に入居者のニーズを満たせない施設が多くなってしまいます。

● どんな問題点があるのか

　介護施設が倒産する要因の１つに、介護事業に携わる人材の慢性的な人不足が現れます。

　人材不足になる事情として、「定着率」の悪さが指摘されています。

つまり、新たに介護職員になる人の数よりも、離職していく人が多く、辞めていく人が後を絶たないので慢性的な人材不足に悩む職場が多いのです。

離職率が高い理由としては、給与が低額であるにもかかわらず、激務であることが挙げられます。しかし、それと同時に、介護職員の多くが女性であることも、少なからず影響を与えています。なぜなら、女性の方が子育てをしながらできる仕事であれば、介護職員の離職率が高くなることはないといえますが、激務であるために、子育て世代の女性が、子育てと並行して介護職員として働くことは困難といえるため、離職せざるを得ないという事情を挙げることができます。

また、介護施設には介護施設で働く職員の給与が、業務の重さに比較して、あまりにも低額であるという問題点を抱えています。介護施設において、介護職員の給与の原資ともいえる介護報酬は国が定める金額です。入所型の施設介護は、介護報酬の６〜７割が人件費で、他方で、訪問型の介護は９割が人件費です。サービス内容と価格を自由に決めて介護報酬を増やせればよいのですが、要介護度に応じたサービス内容の種類や、介護報酬額が決まっているため、賃金を上げにくいという事実があります。

● 人材不足をどう解消する

介護施設における人材の不足が、が特別養護老人ホームなどの入所介護型施設の深刻な問題です。原因のひとつとして、「子育てと仕事」の両立が困難であることも、前述した通りです。基本的に24時間体制で、高齢者の暮らしを支える入所型介護施設は土曜日・日曜日、または、夜間の勤務も当たり前に必要になります。そのため、地方自治体の子育て支援が十分に行われない限り、休日や夜間に子どもを預けて働かなければならないという、非常に困難な問題にぶつかります。そこで、多様な働き方を認め、同時に地方自治体による子育て支援の充

実化が求められることになります。

　なお、近年では、日本の介護職員人口が減少傾向にあることを考慮して、外国人労働者を、積極的に介護職員として雇用するという流れがあります。また、介護リフトや離床センサーなどを活かして、介護事業のロボット化を進めて、介護事業の機械化を進めて行くという主張が唱えられています。

● 管理部門に求められること

　介護事業の管理部門が担うのは、経営状態の管理という意味合いがあります。つまり、「マネジメント」を指します。他方で、介護施設において求められているのは、必ずしも経営を顧みずに、利用者の福祉増大に向けて努力することです。これもまた、管理部門が介護職員に対して指示すべき事柄であるといえるため、介護施設の管理部門は、介護施設の運営について、この相反する２つの事柄に折合をつけて管理を行っていかなければなりません。

　介護施設において、もっとも重要なのは、利用者の福祉を増大するような介護サービスを提供することにあります。しかし、介護サービスの提供には、相応の費用が必要であることは否定できない事実ですので、決算書等の読み方も知らずに、経営について無頓着であるというわけにはいきません。

　したがって、管理部門は、各々異なる専門的な知識を持つ介護職員同士の連携を高め、効率的な運営を図り、利用者にとって最適な介護サービスを提供すると共に、効率的な運営にも目を配りながら、継続して介護サービスを提供し続けるために、安定した介護施設の経営基盤を維持していくことが求められます。

事業者の監督体制について知っておこう

都道府県等による集団指導や実地指導による指導・監督を受ける

● 介護施設は運営基準を満たしていなければならない

　介護施設は、省令によって、介護施設として最低限度必要な基準が定められています。介護施設が、この基準を満たすことができない場合には、介護施設としての指定を受けられず、また、運営開始後に省令に違反することが明らかになった場合には、都道府県知事の指導等の対象になり、指導等に従わない場合には、指定が取り消されることがあります。具体的な基準としては、人員基準、設備基準等が定められていますが、これと共に省令に規定されているのが**運営基準**です。

　運営基準の主な内容として、省令は約30項目を掲げていますが、その主なものを取り上げると、以下のようにまとめることができます。

① 適切な入浴・食事・日常生活支援など必要なサービスが行われていること
② 利用希望者に対して、事前に受けることができるサービスの内容を説明し、同意を得た上でサービスの提供を行っていること
③ 入・退所等のサービス提供の記録を、利用者の被保険者証に記載すること
④ 現物給付以外のサービス内容について、サービスの具体的な内容や費用等を記載したサービス提供証明書を交付していること
⑤ 緊急時など、やむを得ない場合に利用者の身体を拘束する際には、その態様・時間・心身の状況・拘束の理由を記録として残していること
⑥ 利用者ごとに最適なサービス計画を作成していること
⑦ サービス計画に基づき提供したサービスの内容等を記録して、適

切な期間保存していること

● 事業者はどのように監督されるのか

　介護施設が適正に介護サービスを運営しているか否かについて、主に都道府県・市町村が指導・監督を行います。

　都道府県・市町村が行う指導・監督の方法は、主に集団指導と実地指導の2種類に分けることができます。

　集団指導とは、主に介護保険制度の根本定な管理を主眼に、介護施設に対して行う指導・監督をいいます。

　具体的には、介護保険法の趣旨・目的を周知すると共に、監査指導の権限行使の考え方、事業規制、情報の公表制度のしくみなどの説明を通じて、介護保険法の趣旨・目的の理解を促すことを目的に指導等

■ 特別養護老人ホームの設備・運営基準

設　備		主な運営基準	
居室	定員：原則1名 床面積：原則10.65㎡以上	①	施設サービス計画の作成
静養室	介護職員室・看護職員室に近接して設置	②	入所者の自立支援・日常生活の充実に必要な介護の提供
浴室	入浴に適したもの	③	栄養・入所者の心身の状況・嗜好を考慮した食事の提供
洗面設備	居室のある階ごとに設置	④	相談および援助の実施
便所	居室のある階ごとに居室に近接して設置	⑤	社会生活上の便宜の提供
医務室	必要な医薬品・医療機器等を備える	⑥	機能訓練の実施
食堂・機能訓練室	合計面積3㎡×入居者数以上	⑦	健康管理に必要な措置
廊下幅	原則1.8m以上	⑧	衛生管理に必要な措置
消火設備等	必要な設備を設置	⑨	苦情処理に必要な措置

を行います。

　近年、介護報酬を請求しながらも、実際には適切な介護サービスを提供していなかった事業者の存在が明らかになる、という事例が複数散見されました。そこで、介護報酬請求に係る過誤・不正を防止するために、都道府県国民健康保険団体連合会と連携した介護報酬請求事務の講習等も、集団指導の一環として行われています。

　これに対して、実地指導とは、介護サービス事業者の事業所において行われる指導・監督を指します。

　実地指導の前提として、国および都道府県は、介護施設に対して、帳簿書類の提示等を求めることができ（市町村においては文書の提示等を請求できます）、介護施設から報告の徴収を行うことができます。

　そして、実地指導では、特に介護行政における重要課題でもある高齢者に対する虐待防止・身体拘束廃止等に関する運営上の指導を行います。また、不適切な報酬請求を防止するため、報酬請求上において、特に加算・減算すべき事項について重点的に指導を行います。

■ 有料老人ホーム（特定施設入居者生活介護）の設備・運営基準

設備		主な運営基準	
建物	原則：耐火建築物または準耐火建築物	①	特定施設サービス計画の作成
居室	定員：原則1名	②	入所者の自立支援・日常生活の充実に必要な介護の提供
一時介護室	介護を行うのに必要な広さが必要	③	健康管理に必要な措置
浴室	身体の不自由な方の入浴に適していること	④	相談および援助の実施
便所	居室のある階ごとに設置	⑤	利用者の家族との連携等
食堂・機能訓練室	適当な広さを持つこと	⑥	利用者に適切なサービスを提供するための勤務体制の確保等

● 実地指導はどのように行われるのか

　実地指導は、原則として指定した更新期間内に一度、都道府県から担当者が派遣され、介護施設に出向き、適正な事業運営が行われているのかを確認する目的で実施されます。基本的な指導・監督の基本方針は、計画されたケアマネジメントや、法令等に対するコンプライアンスにのっとった業務を行っているのかという観点から、よりよい介護サービスの提供の実現をめざして行われます。

　実地指導の内容については、①運営指導として、主に高齢者の虐待防止と身体拘束禁止などの観点からそれらの行為等が与える影響について理解してもらい、防止のための取り組みを促進するために行う指導・監督を行います。そして、②報酬請求指導として、報酬請求指導は算定基準に適した請求が行われているのかについて、ヒアリングなどを行うことで確認し、不適正な請求の防止を行います。

　実地指導は、サービス内容や職員配置といった入居者の処遇に問題がないか確認するため、定期的に実施しますが、原則として必要な書類を介護施設にそろえる準備期間を与えるために、事前に介護施設に実地指導を行う旨を通告した上で、実施します。もっとも平成28年4月以降は、より利用者を保護する上で、実地指導が有効な手段になるように、緊急性が高いような場合には、目的等を文書で示せば、抜き打ちで介護施設の実地指導を行うことが可能になりました。

● 最悪の場合には指定取消もある

　実地指導で重大な問題が発見された場合には、実地指導が「監査」に切り替わります。つまり、監査により、当該介護施設に対して、勧告・命令等の処分を検討すると共に、問題が悪質であると判断された場合には、指定等の取消を受けることになります。指定が取り消されると、当該介護施設は、介護事業を続けることができなくなります。

第2章
入所者との契約や不払いをめぐる問題

介護施設での契約にはどんなものがあるのか

介護施設の利用形態に応じて、いくつかの利用タイプに分かれている

● ケースごとに受けられるサービスの種類が違う

　介護施設から受けられるサービスは、主に5つの種類に分けることができます。

① **自宅に職員が訪問するタイプ**

　訪問介護員（ホームヘルパー）が利用者の自宅を訪問して各種支援を行うサービスです。訪問介護、訪問入浴介護、訪問看護、訪問リハビリテーションといったサービスがあります（10〜11ページ）。

② **施設に通ってサービスを受けるタイプ**

　主に、自宅にこもりがちの利用者が孤立感を持たずに、心身機能の維持や家族の介護の負担軽減などを目的として、施設に通所することによって実施するサービスをいいます。

　利用者は、施設で、食事や入浴などの日常生活上の支援や、生活機能向上のための機能訓練等を日帰りで受けることになります。

　なお、療養通所介護といって、常に看護師等による観察が必要な、難病・認知症・脳血管疾患後遺症等の重度要介護者、または、ガン末期患者を対象にしたサービスを行う施設もあります。

③ **自宅訪問、施設への通所・宿泊を組み合わせたタイプ**

　利用者の選択にあわせて、施設への「通い」を中心に、短期間の施設への宿泊や、利用者の自宅への訪問を組み合わせて、家庭的な環境と地域住民との交流の下で日常生活上の支援や機能訓練を目的に行われるサービスも存在します。

④ **施設に短期間宿泊するタイプ**

　短期入所生活介護も、通所が基本のサービスと同様で、利用者の孤

立感の解消や心身機能の維持回復・利用者の家族の負担軽減などを目的に実施されるサービスをいいます。特に、介護老人福祉施設（特別養護老人ホーム）などでは、常に介護が必要な利用者の日常生活上の支援や、機能訓練などを行っています。

⑤ **主に施設等で生活するタイプ**

たとえば、介護老人福祉施設（特別養護老人ホーム）は、入所者が可能な限り在宅復帰できることを念頭に、常に介護が必要な人の入所を受け入れ、日常生活を送ることができるよう、施設において集団の中で生活する中で、リハビリテーションや必要な医療、介護などを提供するサービスをいいます。

● 在宅サービス利用契約・施設入居契約を結ぶときの注意点

介護保険サービスを利用する場合、通常は、利用者と事業者とが契約することになりますが、事業者は契約書や説明書などの書面によって詳しい説明をして、それに対して利用者が合意した場合に契約が締結されます。特に事業者が説明する契約内容について、よく確認する必要があります。施設への入居契約の締結の際には、重要事項説明書に基づいて、事業者の施設担当者から説明を受けて、入居に際し必要な費用や、居住空間、浴室・トイレ・食堂などの、施設内の設備や機能性等を確認する必要があります。

● 重要事項説明書の説明から契約へ

介護サービスを利用するには、要支援者や要介護者とサービスを提供する事業者との間で契約を結ぶ必要があります。こうしたことから、事業者側は重要事項についての規程を定めることが義務付けられています。重要事項とは、事業の目的や運営方針、スタッフの職種・職務内容・配置人数、サービス内容、利用料金や費用、営業日と営業時間、サービスを提供する地域、緊急時や事故発生時の対応方法などです。

事業者は、契約に先立って重要事項説明書を利用申込者に渡した上で説明しなければなりません。

● 費用について

　介護保険サービスを利用した場合の利用者負担は、介護サービスにかかった費用の1割負担が原則です。仮に1万円分のサービスを利用した場合に支払う費用は、1000円ということです。

　介護保険施設に入所等するタイプの利用契約を結ぶ場合には、その他に、居住費・食費・日常生活費の負担も必要になります。

　居宅サービスを利用する場合は、利用できるサービスの量（支給限度額）が要介護度別に定められています。限度額の範囲内でサービスを利用した場合は、原則として1割の自己負担ですが、限度額を超えてサービスを利用した場合は、超えた分が全額自己負担になります。

　入所の場合、個室や多床室〔相部屋〕など住環境の違いによって自己負担額が変わります。たとえば、1か月で、施設サービス費の1割約2万5000円、食費4万2000円など、合計約10万円もの費用が必要になります。

■ 在宅サービスの利用料の自己負担額・目安

要支援度・要介護度の区分	在宅サービスの支給限度額（月額）	支給限度額まで利用した場合の自己負担額（月額）	一定以上の所得者の自己負担額（月額）
要支援1	50,030円	5,003円	10,006円
要支援2	104,730円	10,473円	20,946円
要介護1	166,920円	16,692円	33,384円
要介護2	196,160円	19,616円	39,232円
要介護3	269,310円	26,931円	53,862円
要介護4	308,060円	30,806円	61,612円
要介護5	360,650円	36,065円	72,130円

※支給限度額・自己負担額の数値は平成28年度の金額

介護施設をめぐる法律問題をおさえておこう

不当な契約は無効・取消となるので注意する

● 契約者の意思能力の有無が大切になる

　介護サービスを利用する場合、原則として介護サービスの利用者自身が、介護施設と直接契約を結ぶという建前が採られています。一般に高齢であるサービスの利用者が、契約当事者であることから生じる問題が**意思能力**をめぐる問題です。

　契約は当事者の合意により成立するわけですが、その前提として、当事者には自分の行為の結果を明確に認識して、それに基づいて自ら決定する精神能力（意思能力）が必要です。意思能力を欠く契約等の法律行為は無効であり、意思能力の有無は、契約の成立に関する重要な問題です。意思能力の有無については画一・形式的に判断するのではなく、個々の契約ごとに個別・具体的に判断されることになりますが、一般的な基準としては、10歳未満の幼児や泥酔者、重度の精神疾患のある人などには意思能力がありません。介護施設を利用する方は、高齢者が多いため、認知症をはじめ、事理を弁識する能力がない状態であることも少なくありませんので、意思能力がない状態で介護施設利用契約を結んでいるという場合が、少なからずあるのです。

　意思能力を欠く利用者が契約を結ぶためには、親族等が本人を代理して契約を結ぶことになりますが、親族等が本人の代理で契約を結ぶためには、本人から正式な手続きをふまえた上で委任を受ける必要があり、もはや本人に意思能力がない場合には、成年後見制度（207ページ）の利用など、必要な手続きを経た上で代理人が契約を結ぶことになります。

　なお、高齢者本人に意思能力があったとしても、単独で有効な契約

を行うまでの判断能力がないという場合もあります。このような場合も、本人を保護する必要があることに変わりはないため、成年後見制度を活用して後見人等が契約締結などを行うことになります。

● 契約内容が不当なものでないこと

　株式会社など、さまざまな事業者が運営することができる有料型の介護施設に関しては、比較的自由に契約内容を決定することができることもあり、利用契約の法的性質や内容は一義的ではありません。

　そのため、「入居希望者への情報提供が不十分である」「契約内容が途中から利用者の意向に関係なく変更されてしまう」「契約の解消方法などが利用者にとってわかりにくい」などの、契約をめぐるトラブルが生じやすい構造になっています。

　中でも、**入居一時金をめぐるトラブル**が多く生じています。契約の内容で、利用者から施設の事業者に対して高額の入居一時金が支払われることがあります。しかも、名称もまちまちで、入居金・入園金・入会金・保証金などさまざまな名称で徴収が行われています。金額もさまざまで、1500万円から2000万円未満の間が多く、非常に高額の費用の支払いが利用者に求められています。

　しかし、入居一時金の使途等については不明確であるため、施設の維持・管理や、人件費に賄われていることが多いようです。そこで、たとえば、利用者が途中で契約を解約したり死亡などの事情が発生した場合には、残額について、利用者や家族が返還してもらえるものと期待していたところ、事業者が返還に応じないというタイプのトラブルも報告されています。

● 消費者に不利な契約は無効になる

　入居一時金などの費用についてはもちろん、事業者は利用者側に対して、契約内容について十分な説明を行い、契約内容を利用者に理解

してもらった上で、納得を得た上で契約を結ぶことが求められます。

民法においても、事業者側が詐欺や強迫を行った上で、利用者が契約を結んでしまったような場合には、契約の取消を認めています。しかし、取消の要件を充たしていることについて、利用者側が証明しなければならないなど、利用者側の負担が大きくなっています。

そこで、消費者契約法では、消費者を保護するために、より緩やかな要件で契約の取消が可能になっています。つまり、事業者が消費者である利用者に対して、契約の締結に際して重要事項について事実と異なることを告げたり、不確実な事項について、断定的な判断を提供したような場合には、消費者（利用者）には取消権が認められています。また、利用者が事業者に対して、勧誘をしている場所から退去してほしいと求めたにもかかわらず、事業者が退去せず、あるいは、その場所から帰りたいと言っているにもかかわらず、帰してもらえずに契約を結んでしまったなど、利用者が困惑して契約を締結した場合にも、利用者に取消権が認められています。

これらの消費者保護法の規定は、事業者の行為が民法が規定する詐欺・強迫には該当しない場合でも、より広く利用者に取消権を認める点で、利用者保護に厚い規定を盛り込んでいるといえます。しかし、取消の対象になる事業者の行為は限定されており、なお利用者の保護が十分ではありません。

■ **不利益事実の不告知**

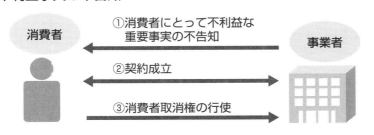

③ トラブルを防ぐためにどんなことに注意すべきか

詳細な重要事項説明書を作成すると共に利用者の健康状態に注意する

● 契約内容の重要事項を説明する

　介護施設利用契約は、あくまでも利用者自身と事業者との間で契約を結ぶという建前になっていますので、利用者にとって、結ぶ契約の内容が明らかになっていることが重要です。しかも、利用者は高齢者であることから、理解・判断能力が減退している場合もあるため、契約内容がわかりやすい状態で示される必要があります。

　こうしたことから、事業者側は重要事項についての規程を定めることを義務付けられています。これを**重要事項説明書**といいます。

　重要事項とは、事業の目的や運営方針、スタッフの職種・職務内容・配置人数、サービス内容、利用料金や費用、営業日と営業時間、サービスを提供する地域、緊急時や事故発生時の対応方法などです。

　特に、利用者にとって最も関心がある事項である契約内容としては、①入浴、排せつまたは食事の介護食事の提供、②洗濯、掃除等の家事の供与の有無、③健康管理実施の有無、④安否確認または状況把握サービスの有無などが挙げられます。

　また、事業者は、契約に先立って重要事項説明書を利用申込者に渡した上で説明することを義務付けられています。重要事項説明書には、重要事項を定めた運営規程の概要、スタッフの勤務体制、サービス選択時に有効な情報などが記載されています。

　具体的には、介護施設に関する情報として、施設の名称・所在地、連絡先などの他、職員について、常勤・非常勤の区別、職員数と職種経験年数、資格者の有無等について記載されます。利用者の視点からは、その介護職員が、常勤であるのか否かや、担当する職務に制限が

あるなどの事情は、外見から判断することができない施設側の事情といえますので、職員の勤務体制等に関する記載は、利用者の視点から、わかりやすい記載を心がける必要があります。

また、サービス内容に関する事柄と料金や費用については、利用者がしっかりと確認できるように、明示しておく必要があります。利用者負担金について、金額と内容を明らかにしているかどうか、利用料金や費用の金額、支払方法、キャンセル料についても、利用者にとって明らかになっているかを確認しましょう。また、解約や更新についても利用者にとって、わかりやすく示すことができているのかどうかチェックする必要があります。

● 有料老人ホームの重要事項説明書

有料老人ホームへの入居を検討している高齢者などが老人ホームを選ぶ際には、いくつかの候補を挙げてパンフレットを取り寄せ、これを比較検討するのが通常です。しかし、パンフレットに掲載されているホームの居室の写真が気に入ったから選んだのに、実際に入所してみたら写真とは全然違う部屋に入れられた、といったような苦情も頻繁に聞かれます。また、居室が個室だと思っていたのに実際には共同部屋に仕切りをつけて区切っているだけ、という場合もあります。そのため、パンフレットの表現には十分注意する必要があるでしょう。

また、老人ホームのパンフレットは、パンフレットの構成上大まかなことしか記載できないのが通常です。

重要事項説明書は、ホームに関する情報が正確かつ詳細に記されたもので、全国共通の様式で作成されています。具体的には次のような項目を記載します。

① 事業主体概要

事業主体の名称、代表者名、所在地、資本金、設立年月日、主な出資者、主要取引銀行など

② **施設概要**

施設名、施設類型、入居時の要件、介護保険適用の形態、介護職員の体制、建物概要など

③ **従業者に関する事項**

職種別従業者の人数、有資格者数、常勤換算後の人数、夜勤職員数、前年度1年間の採用数・退職者数など

④ **サービスの内容**

提供される介護サービス、生活支援サービス等の内容、介護・医療体制、苦情窓口の設置状況など

⑤ **入居状況**

入居者の実数及び定員、要介護者数、前年度の退去者数など

⑥ **利用料**

入居一時金、返還金、初期償却率・償却期間、月額利用料、一時金返還金の保全措置など

●契約時には親族にも立ち会ってもらう

利用者が高齢者である介護施設利用契約においては、場合によっては利用者が、理解・判断能力を失っているために、後になって結んだ契約が無効になるというトラブルが生じるおそれがあります。

このようなトラブルを回避するためには、成年後見制度（207ページ）をはじめ、利用者を代理して、親族等の法定代理人が事業者との間で契約を結ぶという方法もあります。しかし、成年後見制度等を利用しない場合であっても、契約時に親族等に立ち会ってもらうことが大切です。というのも、成年後見制度を利用しなければならない程度に、利用者が事理を認識する能力を失っているわけではない場合でも、事業者側の説明を利用者が十分に理解していない場合などには、立ち会った親族等の助けを受けることで、事業者側の説明を理解する助けになる場合もあります。また後に、「そんな説明は受けていない」と

いうように利用者が主張して、トラブルに発展する場合であっても、親族等に契約時に立ち会ってもらうことで、事業者側が行った説明等について、親族等も同行して聞いてもらうことができますので、「言った、言わない」というタイプのトラブルを事前に防ぐことができます。

● 入居者の健康状態などを確認する

利用者が事理を認識する能力があるかどうかは、外見からは明らかではない場合があります。しかし、契約時に利用者が事理を認識する能力を欠いていれば（意思無能力）、契約自体が無効になるおそれがあります。そこで、事業者は、利用者の言動におかしな点はないかなど、利用者の健康状態に十分注意した上で、契約等の手続きを進めて行くことが必要です。

● 日頃からサービス内容を記録しておく

介護施設利用契約をめぐるトラブルのひとつに、利用者が「当初期待していたサービスを受けることができなかった」という内容の苦情等を主張する場合があります。このような苦情等に対する事前の防止策として、事業者としては、利用者に提供するサービスに関して細かく記録を残しておく必要があります。

■ 有料老人ホームの重要事項説明書に書かれていること

① 老人ホームの運営主体
② 施設の概要
③ 従業員の人数や勤務形態、従業員の所有している資格
④ 提供されるサービスの内容
⑤ 利用料金や介護保険給付以外のサービスに要する費用

入居一時金をめぐる問題について知っておこう

入居一時金は利用者に返還しなければならない場合がある

● 入居一時金とは

　入居一時金とは、施設に居住する権利を取得するための費用です。賃貸マンションでいうところの礼金にあたり、入居時に一括して支払うことになります。賃貸マンションでは、礼金を払った後も継続して家賃を支払うことが必要ですが、有料老人ホームでは、入居一時金を払うことで、家賃を支払わなくてよくなるホームもあります。家賃に相当する額を、前払いで支払っていると考えればよいでしょう。入居一時金の金額は、０円のホームから1000万円を超えるホームまでさまざまです。

● 入居一時金をめぐるトラブルはなぜ起こったのか

　これまで、介護施設と利用者との間では、入居一時金をめぐるトラブルが頻繁に起こっていました。たとえば、入居型の介護施設において、いったん入居すると、仮に数か月間の間に退所したとしても、支払った金額の多くが償却され、返還に応じないという事業者が多くありました。

　それは、入居一時金について、事業者側が施設利用権取得のための金額（一般に権利金といわれます）であったり、施設の設置費用に賄う費用であると認識していることに起因していました。

　そのため、施設によっては高額な入居一時金の支払いが求められる利用者は、わずか数か月間しか施設を利用していないにもかかわらず、支払った費用のほとんどすべてを施設側から返還されず、いわば泣き寝入りしなければならない状態に陥っていたのです。

● 法改正によってどうなったのか

　利用者にとって入居一時金をめぐるトラブルが重大であることから、老人福祉法が改正され、事業者が受領できる入居一時金等の前払金は、「家賃、敷金及び介護等その他の日常生活上必要な便宜の供与の対価」とされ、「権利金その他の金品」名目での受領が、現在では禁止されています（老人福祉法29条6項）。

　つまり、たとえば認知症対応型老人共同生活援助事業を行う事業者や、有料老人ホームの設置者は、家賃、敷金・介護等その他の日常生活上必要なサービス等の対価として受領する費用を除き、権利金その他の金品を受領することができません。

　これによって、たとえば入居後、比較的短期間のうちに利用者が退所するような場合に、従来、償却期間経過を理由に事業者が返還を拒んでいた、入居一時金の返還について、事業者は返還に応じなければなりません。改正により、入居日から厚生労働省令で定める一定の期間を経過する日までの間に、契約が解除され、または、入居者の死亡により終了した場合には、前払金の額から厚生労働省令で定める方法により算定される額を控除した額に相当する額を返還する、という内容の契約を結ぶことが義務付けられているのです。

● 今後どのような点に注意すべきか

　入居一時金をめぐっては、従来からさまざまなトラブルが起こっていました。法改正により、利用者側が泣き寝入りしなければならない状態は解消されていますが、入居一時金がすべて禁止されたわけではなく、権利金としての入居一時金の支払いが禁止されたもので、なお入居一時金が支払われる場合があるため、事業者側は、介護施設利用契約に先立ち、以下の点を明らかにしておく必要があります。

　たとえば、有料老人ホームの中には、一時金方式をとらず、入居一時金をゼロに設定しているところがあります。ただし、入居一時金を

ゼロにしているところでは、その分月額利用料金が高くなっています。このしくみは月払い方式と呼ばれています。月払い方式にした場合の月額利用料金は、平均で20〜30万円程度が相場です。ただし、月払い方式は、誰でも利用できる制度ではなく、有料老人ホームに入居した地点で要介護認定を受けている人のみが利用できる料金支払方式です。一見すると、利用者が得するように見える月払い方式ですが、トータルで支払うお金が減るとは限りません。実際はホームに長くいればいるほど、月払い方式の方が負担は大きくなります。

結局のところ、入居一時金ゼロといっても、月額利用料金が高くなっているため、トータルで見れば入居一時金と同等、もしくはそれ以上のお金を請求されることもありますので、事業者側としては、入居期間によって利用者が負担する金額について、ある程度明らかにすることが望ましいといえます。

● 入居一時金は戻ることもある

入居した有料老人ホームを短期間で退去する場合、支払った高額の入居一時金は、かつては初期償却を理由に、ほとんどが返還されないという扱いが行われてきました。しかし、老人福祉法が改正され、入居一時金について、初期償却制度をとることは禁止されていますので、償却期間に応じて、変換が行われます。償却期間は、数年から20年程度が相場です。たとえば償却期間が10年のホームに1000万円の入居一時金を支払って入居し、3年で退居したという場合、1年に100万円ずつ償却されますが、3年後には700万円の返還を受けることができるわけです。

なお、有料老人ホームの場合、入居から90日以内であれば無条件に解約でき、入居一時金などの前払金は、滞在期間中の食費や居室利用料などの費用を除いて全額返還されるという短期解約特例（クーリング・オフ）の制度を設けるよう、厚生労働省が指導しています。この

制度について、パンフレットなどに記載がない場合、悪質な業者である可能性がありますので、必ず確認しておきましょう。

● 介護施設が倒産した場合にはどうなる

　介護施設を利用している期間中に、介護施設が倒産した場合には、入居一時金はどのように扱われるのでしょうか。たとえば有料ホームが倒産した場合なども、途中退居と同じように入居一時金の一部が戻ってきます。

　なお、平成18年4月1日以降に設置された有料老人ホームについては入居一時金など前払金の保全措置をとることがホーム側に義務付けられているのですが、それ以前に設置された老人ホームについてはそのような措置（ホームが倒産した場合に備えて資金を蓄えておくこと）をとっていないこともあるので、この点についてもあらかじめ調べておく必要があります。

■ クーリング・オフを定める条項

> 第○条　入居者退去時返還金の算出基準日から90日以内に入居契約の解約を申し出た場合には、居室が明け渡されたときに、事業者が受領した金額から以下の金額を差し引いた全額を無利息で返還する。
> 　①　明渡日までの利用の対価として1日○○○円
> 　②　居室の原状回復のための費用

契約書にこのような条項があるかをよく確認すること！

5 回収しなければならない場合について知っておこう

施設利用料の滞納等の場合に備えて、適切な債権回収手段を確認しておく必要がある

● 債権回収や債権管理とは

　一般に、貸したお金を借主が返してくれない場合や、買主が商品の代金を払ってもらえないということがあります。その際に、支払義務を負う者（債務者）からお金を取り立てることを**債権回収**といいます。

　債権回収の方法には、①普通郵便で請求書を送る、②内容証明郵便を送るなど請求する場合、③直接債務者の自宅等に取立てに行く、④新たに担保を設定する等の支払方法について話し合いをする、⑤保証人・連帯保証人など、債務者以外の人から支払いを受けるなどの方法があります。

　そして、介護施設等の事業者においては、契約を締結し、実際にサービスを提供すれば、すべての業務が終了したわけではありません。利用者から、サービスの利用料等の支払いを受けて、はじめて業務が完了します。というのも、利用料等の支払いが滞り、その間に資金の不足が生じれば、介護施設の運営等に対しても影響が出ます。ひいては、事業者が倒産等した場合には、事業者側だけでなく、介護施設の利用者等に対しても影響が及んでしまうおそれがあります。

　このように、介護施設等の経営にとって、債権を確実に回収することが非常に重要な課題であり、債権の支払を受ける手段を明確に定めて実施していくことを**債権管理**と呼びます。

● どんな場合に債権が発生するのか

　介護施設においては、事業者と利用者が介護施設利用契約を結んでいます。そして契約において、事業者は介護サービスを提供する義務

を負う（事業者が負う債務）一方で、利用者に対して債権を持つことになります。

介護施設利用契約において、事業者は、契約の各段階において、利用者に対して債権を持ちます。

契約締結段階では、たとえば入所型の施設であれば、入居一時金をはじめ前払金の支払を利用者に求める場合があります。いわば、この前払金等に関する債権は、事業者が利用者に対して、介護施設利用契約に基づく初期の債権といえます。

そして、利用者が施設を実際に利用・入所すると、サービス料や毎月の賃料債権が生じます。介護施設利用契約において、介護サービスの対価であるこれらの債権は、主要な債権であるといえます。したがって、利用者側が利用料等の滞納を繰り返した場合に、事業者側が受ける影響ははかり知れませんので、これらの債権に関しては、特に慎重な債権管理が必要です。

そして、利用者が施設等を退所して、介護施設利用契約終了の時点でも、債権が発生する場合があります。利用者側は入所していた施設等を明け渡す義務を負いますし、この時点でも、前述の利用料等の滞納等がある場合には、清算義務を負うため、事業者側は、契約終了時点でも、利用料等に関する債権を、依然として持っていることになります。また、利用者が施設等を利用している中で、施設の設備等を破損・汚損した場合に、たとえば、それが利用者の故意に基づく場合には、賠償しなければなりませんので、事業者はこの損害賠償請求権という債権を、利用者に対して有していることになります。

● 介護施設で回収の問題が発生する場合とは

介護施設で、債権回収が問題になるもっとも主要な局面は、**施設利用料等に関する滞納**です。

介護施設利用契約において、介護サービスの提供や介護施設の利用

は、利用者側の最も基本的な権利といえますので、事業者側が、適切な介護サービスや施設の提供義務を負うことは言うまでもありません。

したがって、事業者が利用者に対して持つ、介護サービスの利用料や、施設の利用料に関する債権は、介護施設利用契約における根本的な債権であるといえますので、債権回収は事業者の事業運営にとって最も重要な債権です。

介護施設利用料金等の回収が問題になるのは、利用者が高齢であることにも原因の一端があります。

たとえば、通所型の介護サービスにおいては、一度に必要なサービス料は、それほど高額ではありません。特に、サービスを受けるごとに、利用料を支払うしくみがとられている場合には、高齢である利用者が手持ちがないために、利用料の支払いが後日に繰り延べされる事態が、しばしば発生しがちです。一回の滞納額は少額ですが、それが度々繰り返されることで、思わぬ高額に蓄積してしまうことがあるため、注意が必要です。

また、入所型の介護施設では、賃料相当額の利用料の支払いを、毎月利用者に対して求めていくことになります。施設の利用料は、施設ごとにまちまちですが、施設によっては月額数十万円の利用料を設定している場合もあるため、これが滞納されると、事業者側にとっては非常に大きな債権回収が問題になることになります。利用料の延滞は、年々増加の一途をたどっているとの報告もあり、多い利用者では、1年以上にも渡る長期間滞納を繰り返し、総額で数百万円にも上ってしまっているというケースもあります。

● 延滞債権の種類と傾向

延滞債権は、期間に注目して、大きく分けて2種類に分類することができます。

まず、短期間の延滞債権については、主に一時的な延滞である場合

が多い傾向にあります。ときとして、債務者が支払いを一時的に忘れていたという場合も考えられます。この場合には、債権の回収においても。債権者が大きな困難を抱えることは少なく、比較的容易に債権を支払ってもらうことができる場合が多いといえます。

また、短期間の滞納の場合には、比較的債権額も少額であることが多く、債権者側に与える影響も大きくない場合がほとんどですが、これらの債権に対して、債務者が頑なに支払いを拒むことは少ないといえますので、債権回収の期待が大きい債権です。

これに対して、長期間に及ぶ滞納債権は、債務者が継続的に滞納している債権ですので、支払いを忘れているということはほとんど考えられません。事情は異なりますが、多くの場合には、債務者が滞納を自覚していることが多いといえます。しかし、支払いを拒絶している、または、何らかの事情によって、債権を支払うことができないという場合がほとんどです。

そして、長期間に及ぶ延滞債権に関しては、債権額が高額に及んでいる場合がほとんどです。したがって、債権者にとって、債権額の回収は必要不可欠ですが、その一方で、債権額の大きさに比べて、債務者が持っている財産の額が不足していることも少なくありませんので、

■ **実費の請求書サンプル**

利用料請求書

平成 23 年○月分の規定外費用として以下の金額をご請求致しますので平成23 年○月○日までに下記金額をお支払いください。

項目	金額
オムツ代	15,000 円
クリーニング費	3,000 円
理美容費	4,200 円
ベッドメイキング費	3,150 円
合計	25,350 円

債権を回収することは容易ではありません。

● まずは資産調査をする

債権回収を行う上で重要なのは、**債務者の資産状況**です。延滞債権がある場合には、最終的には訴訟などの法的手段が認められています。そして、仮に債権者が訴訟等に勝訴したとしても、最終的に債務者が全く財産をもっていなければ、強制執行等によっても債権者は債権を回収することができません。いわば、債権回収のために債権者が費やした労力はすべてムダになってしまうということになります。

したがって、債権回収を検討する場合には、債務者に関する正確な資産調査を行う必要があります。

債務者が持っている資産については、不動産や自動車等の財産があれば明らかですが、特に、第三者に対して未回収の債権を持っているような場合には、慎重に調査しなければわからない場合もありますので、特に注意が必要です。

● 原因分析をする

延滞債権がある場合、債務者が支払わない原因に関する分析も重要です。原因分析を的確に行うことで、債権を回収するために適切な方法を考えることが可能になるためです。

まず、債権を延滞する原因の一つとして、債務者が単に支払いを忘れているだけの場合のように、債務者が意図的に債権の滞納をしていない場合が考えられます。これは前述のように、短期間の延滞債権では、比較的多い原因であるといえます。この場合、単に債務者支払いを忘れていただけである場合も多いため、請求することで比較的容易に債権を回収することが可能です。

次に、介護施設利用契約等において、提供されているサービスなどに、不満があるために、対価である利用料等の支払いを拒んでいる

という場合が考えられます。介護施設において、注意すべきなのは、サービスを実際に利用している利用者が、判断能力が十分ではない高齢者である可能性があるという点です。支払いを拒む利用者の主張が、しっかりとした意思能力に基づかないおそれがありますので、利用者の家族等を含めて、注意深く主張を聴きとる必要があります。この場合は、債務者である利用者の主張が、適正であるかどうかの判断を含めて、慎重に利用者側と交渉を行い、債権回収の途を探ることになります。

さらに、債権を滞納する原因として、債務者が財産を持っていないために、債権を支払うことができないという場合もあります。特に、介護施設利用契約において、利用者は高齢者であることが多いため、十分な財産を持っていないということも考えられます。この場合には、利用者の家族等を含めて、債権回収に向けて、事業者側はさまざまなアプローチを検討する必要があります。

■ 延滞債権の回収

延滞債権
- **短期間の延滞債権**
  ⇒回収は比較的容易
- **長期間におよぶ延滞債権**
  ⇒債権回収が困難になることが多い

〈債権回収のポイント〉

① **資産調査** …… 債務者に関する正確な資産調査が必要

② **原因分析** …… 意図的に債権の滞納をしていない場合
　　　　　　　　　介護サービス等に不満がある場合
　　　　　　　　　債務者が財産を持っていない場合

③ **債権保全** …… 担保権の設定・保証人との間の保証契約

● 債権を保全するという方法もある

　債権回収をスムーズに進めるために、債権者があらかじめ工夫を凝らしておくことが可能です。この手段を**債権保全**といいます。

　債権保全にはさまざまな手段がありますが、債権者は、基本的にみな平等に債務者から返済を受けますが、たとえば、自分の債権を優先的に回収する方法があります。具体的には、担保権を設定したり、保証人との間で保証契約を結んでおくという方法があります。

　担保権の設定とは、たとえば債務者が持っている不動産に、あらかじめ抵当権を設定しておき、債権を滞納した場合に、不動産を売却して、売却代金から優先的に、債権を回収するという方法をいいます。

　なお、介護施設利用契約等においては、一般に用いられる債権保全の方法としては、契約締結時に連帯保証人を要求して、保証契約を締結するという方法が一般的です。

　連帯保証人とは、債務者と連帯し債務を負担する保証人のことです。

　通常の保証人については、あくまでも、債務者が返済できる余裕があるのに返済しないような場合には、先に債務者に対して支払いを請求しなければなりません。これに対して、連帯保証人については、債務者が債権を延滞する場合には、直ちに連帯保証人に対しても、債権の支払いを請求できるため、債権保全の手段として、より強固な手段だといえます。そのため、事業者は契約締結時に、利用者の親族等を連帯保証人として、補償契約を結んでおくことで、利用者が滞納した債権を回収する手段を保全しておくことができます。

● 未収金を発生させないための予防と対策

　債権保全を行うことで、債権回収のリスクに備えることは可能ですが、事業者にとって何よりも重要なのは、未回収債権を発生させないことが重要です。そのため、常に利用者の資産状況や、利用者の親族等との連絡体制を確認しておくことが重要です。

月額利用料の滞納について知っておこう

滞納した月額利用料については身元保証人にも請求することができる

● まずは資産調査する

　特に入所型の介護施設では、場合によっては高額な施設利用料が毎月必要になります。そこでまず、事業者としては、利用料の滞納が生じないように、利用者の資産調査を行う必要があります。介護施設においては、利用者は高齢者であることが一般的ですので、継続的な収入源は、年金である場合が多いようです。そこで、年金として継続的に得られる金額がどれくらいであるのかを把握する必要があります。

　また、利用者によっては不動産等の資産をはじめ、現金通帳等預金口座を持っている場合もあります。個人のプライバシーを侵害しない程度に、資産状況を確かめることも必要です。

● 入居一時金からの回収は可能なのか

　介護施設利用契約を結ぶ時点で、入居一時金が支払われる場合があります。老人福祉法が改正され、入居一時金について、敷金等の名目による支払いが禁止されていますが、前払金として入居一時金が支払われることは依然として認められていますので、入居一時金から月額利用料への充当が可能であるのか検討する必要があります。前払金は、その性質上、月額利用料に償却されることが予定されていますので、月額利用料を入居一時金から回収することは可能です。もっとも、前払金について、未償却部分は、利用者側に返還しなければなりませんので、たとえば、利用者が死亡した場合に、償却期間経過前であれば、月額利用料に滞納があっても、なお、入居一時金は遺族等に返還しなければならない点に注意が必要です。

第2章　入所者との契約や不払いをめぐる問題

● 身元保証人への請求や担保の取得・実行

多くの介護施設では、介護施設への入居などの際に、身元保証人が要求されることがあります。一般に、利用者の親族などの近親者が、身元保証人になることが一般的です。場合によっては、身内や身寄りのない高齢者が利用者である場合には、身元保証業者が身元保証人になる場合もあります。身元保証人は、利用者が亡くなった場合に遺体の引取りなどをはじめ、さまざまな事項を引き受けますが、中でも事故やトラブル、そして、月額利用料の滞納に備えて、身元保証人が要求されています。したがって、利用者が月額利用料を滞納している場合には、事業者は身元保証人に対して支払いを求めることができます。

月額利用料の支払いに関しては、事業者が利用者に対して有する債権ですので、この債権を確実に回収するために、利用者の持っている不動産等に対して抵当権等の担保を設定するということも可能です。

ただし、実務上は月額利用料の担保として抵当権が設定されることはほとんどありませんが、事業者がとり得る1つの選択肢として、抵当権や質権などの、民法が規定する担保物権を設定することも理論上は可能です。

● 相手が本人ではなく相続人の場合もある

利用者が月額利用料を滞納している場合であっても、実際に滞納している月額利用料の支払いを請求する相手方が、相続人である場合があることに注意が必要です。それは、利用者が利用料を滞納した状態で亡くなった場合に、利用者を相続した相続人がいる場合です。滞納額について相続人は債務として相続しますので、事業者は相続人に対しても利用額を請求することが可能です。

もっとも、必ずしも相続人が、利用者と近い間柄であるとは限りませんので、月額利用料の支払いを請求する上で、スムーズに進まない場合があることに留意しておく必要があります。

どんな法的回収手段があるのか

各種法的手段の内容を把握してベストの手段を選択する

● 法的手段に移行するポイント

　介護サービスに関する費用の支払いを利用者に請求する場合に、再三にわたって口頭で請求しても、なお、利用者が支払いに応じない場合には、文書で請求することになります。一般的な書面でもよいですが、支払請求などの場合に有効に活用できるのが**内容証明郵便**です。

　内容証明郵便は、誰がどんな内容の郵便を誰に送ったのかを郵便局（日本郵便株式会社）が証明する特殊な郵便です。郵便物を発信した事実から、その内容、さらには相手に配達されたことまで証明をしてもらえます。これは、後々訴訟にでもなった場合の強力な証拠になります。

　文書による請求にも利用者が応じない場合、介護施設としては、法的手続きの利用を検討することになります。

　なお、たとえば訴訟等で勝訴した場合であっても、利用者が全く財産を持っていなければ、未収金を結局回収できないことになってしまいますので、あらかじめ、利用者の財産状況を把握しておく必要があります。

● 法的手段の種類

　民事についての紛争が生じた場合、最終的には訴訟ということになり、裁判所が判断をすることになります。ただ、訴訟以外にも裁判所の手続きには、支払督促や調停など57ページの図に掲げるさまざまな方法も用意されています。

・公正証書

　公証役場で公正証書を作成してもらう方法があります。特に金銭債

権については、執行受諾文言がついた公正証書があると、強制執行をすることができます。

・**訴訟**

紛争の最終的な解決手段として利用されることが多い手続きです。裁判所に対して訴訟を提起し、勝訴判決を得ることによって債権を回収します。ただし、このような場合、勝訴しても、相手方が支払わなければ債権を回収できません。相手方が支払わない場合には、強制執行の手続きをする必要があります。

・**少額訴訟**

少額訴訟は、回収しようとする金額が60万円以下の場合に利用できる簡易な訴訟です。訴訟を提起する裁判所は、簡易裁判所となります。同一の原告が同一の簡易裁判所に対して行うことができる少額訴訟の申立回数は、年間10回までに限定されています。このように利用回数が限定されているのが少額訴訟の特徴のひとつです。比較的手続が簡単なため、自分で手軽に利用できます。

・**支払督促**

支払督促は、簡易裁判所の書記官を通じて相手方に対して債務を支払うように督促する手続で、相手方との間で債権の存在の有無について食い違いがない場合に効果があります。

支払督促は、相手方の住所地を管轄する簡易裁判所の裁判所書記官に申立書を提出します。支払督促の対象となる債権は、金銭や有価証券などの一定数量の給付請求権です。支払督促の申立てを行う場合、金額の制限はありません。

● 保全処分

訴訟において判決が確定するまでの間、被告側の財産の一時的な確保や、差し迫った被害や危険を避けるためにとられる暫定的な措置のことです。

保全手続きは大きく仮差押と仮処分の2つに分けられます。

① 仮差押

金銭の支払いを目的とする債権（金銭債権）のための保全手続きで、金銭債権の債務者が所有する特定の財産について現状を維持させる保全手続きです。たとえば、AがBに対して金銭債権を持っているとします。この場合に、AがBの土地を仮差押したときには、Bは自分の土地でも、その土地を売却するような処分行為に制限が加えられます。

介護施設の利用料請求権の確保を目的に保全手続きを行う場合には、仮差押を利用することになります。

② 仮処分

仮処分は、仮差押と異なり金銭債権以外の権利を保全するために必要になります。仮処分には、係争物に関する仮処分と仮の地位を定める仮処分があります。具体的には、占有移転禁止の仮処分や従業員が不当解雇された場合の賃金の仮払いを求める仮処分などがあります。

強制執行

強制執行は、国家機関（裁判所）が、権利者の権利内容を強制的に

さまざまな法的手段

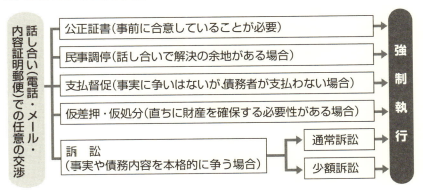

第2章　入所者との契約や不払いをめぐる問題

実現する手続きです。被告が判決の内容に従わない場合、勝訴した原告は強制執行により権利を実現することになります。

強制執行には、金銭の支払いを目的とする強制執行の他、土地の引渡しのように金銭の支払いを目的としない強制執行もあります。施設の未納・延滞利用料の請求の場合には金銭の支払いを目的とする強制執行ということになります。金銭の支払いを目的とする強制執行は、執行を行う対象により、ⓐ不動産に対する強制執行、ⓑ動産に対する強制執行、ⓒ債権に対する強制執行、ⓓその他の財産権に対する強制執行に分類されます。

強制執行が執行機関によって開始されるためには、原則として、①債務名義、②執行文、③送達証明という3つの書類が必要です。債務名義とは、わかりやすく言えば強制執行を許可する公の文書のことで、確定した裁判所の判決や執行証書が債務名義になります。

● 担保権の実行

施設側が担保権を持っている場合、担保権の実行という方法もあります。これは金銭債権を担保するために設定された抵当権などを実行する手続きです。

債務者がその債務を履行しなかった場合、債権者は抵当権の対象となっている不動産から優先的に弁済（支払）を受けることができます。この手続も、差押え→競売→換価（金銭に換えること）という具合に進んでいきますから、事実上、強制執行と同じ手続きになります。法律でもこの担保権の実行と強制執行とを一緒に規定し、両者を合わせて民事執行と呼んでいます。

第3章

従業員を雇った場合の法律知識

職員の労働形態にはさまざまなパターンがある

介護施設においては非正規職員が多く雇用されている

◉ 労働者と労働契約を結ぶ

労働契約（雇用契約）は労働者（被雇用者）が使用者に労務の提供をすることを約し、使用者がその対価として賃金を支払う契約です。契約という意識がなくても、「雇います」「雇われます」という合意だけで契約は成立します。ただ、お互いが合意さえすれば、どんな内容の労働契約を結んでもよいというわけではありません。

労働契約はさまざまな法令などの制約を受けます。その中で主な基準となるのは労働基準法、労働組合法による**労働協約**、**就業規則**です。これらに違反しない範囲で労働契約は有効になります。

◉ 介護施設にも正規職員と非正規職員がいる

採用が必要かどうか、どの程度の経費がかかるのか、といったことを検討し、「介護職員を確保する」ということを決めたら、次はどのような形態でその人に働いてもらうかを考えなければなりません。

雇用形態には主に次のようなものがあります。仕事量、人件費、今後の展望など、諸事情をふまえ、その介護施設に適した形を選択しましょう。

正規職員は、施設との結びつきが最も強い雇用形態といえるでしょう。「どのような人が正規職員」という法的な定義などはありませんが、長期間フルタイムで働くことを前提に雇用され、社会保険や福利厚生などの保障を受けることができる一方、勤続年数や実績に応じて管理者として働くなどの責任を負うというのが一般的な認識です。介護施設が保有しているさまざまな情報を管理し、経営を長く支える人

材として採用する際には、正規職員としての雇用が必要です。

非正規職員とは、パートタイマー、アルバイト、契約社員、嘱託社員、派遣社員など、正規職員以外の労働者を総称する言葉です。

厚生労働省の調査においても、労働者のうち、正規社員以外の労働者の割合が高い数値を示していることが報告されていますが、介護施設においては、その傾向が顕著になっています。介護施設の非正規職員の割合は、4割程度が平均的ですが、施設によっては8割に及ぶ介護施設も存在しています。

このように、非正規職員が増加している現在の雇用情勢では、介護施設において、非正規職員が果たす役割も、非常に重要になっています。

非正規職員は、正規職員と比較して一般的に賃金が低く、職業能力の訓練の機会にも恵まれていないのが実情ですが、非正規職員増加の状況をふまえて、適切な処遇・教育を行うことが、介護施設の業務運営にあたり、非常に大きな支えになると共に、それによって介護施設の利用者にとっても、快適な介護サービスを提供する大きな助けになります。したがって、介護施設が現在の介護サービスの質を落とさず、利用者にとって快適な環境を提供し続けるために、非正規職員の雇用管理が重要な責務といえるでしょう。

パートタイマーをはじめとする短時間労働者の労働環境を改善することを目的として制定された法律に**パートタイム労働法**があります。また、パートタイマーも「労働者」であることに変わりはないため、すべての労働者を対象とする労働基準法が適用されます。さらに、労働基準法の他、労働契約法、最低賃金法、労働安全衛生法、労災保険法、男女雇用機会均等法、育児・介護休業法など、労働者に関する待遇を定めたさまざまな法律も適用されます。特に、業務の性質上、女性の割合が高い介護施設においては、女性にとって働きやすい雇用体制を整えることが、介護施設に対して求められています。

派遣職員の管理について知っておこう

貴重な人材確保のための有効手段のひとつである

● 派遣と雇用は違う

　正社員として働く場合は、労働者と雇用主の間で直接雇用契約が交わされます。これに対して**労働者派遣**は、労働者である派遣社員を雇用する派遣元企業と、派遣社員が実際に働く現場となる派遣先企業（本書の場合、介護施設）の三者が関わる雇用形態です。派遣元企業が派遣先企業に対して労働者を派遣することを約した労働者派遣契約が結ぶことで行われます。

　雇用契約も、派遣労働者の場合は派遣元企業との間で交わされ、賃金支払いは派遣元企業より受けることになりますが、実際に業務に関した指揮命令を受け、労働力を提供する相手は派遣先企業です。

　なお、派遣労働者には、正規労働者と同じ条件で業務に従事できるようにさまざまな法律が適用されます。たとえば労働基準法や労働者派遣法（労働者派遣事業の適正な運営の確保および派遣労働者の就業条件の整備等に関する法律）、最低賃金法、育児・介護休業法、男女雇用機会均等法などです。

● 平成27年派遣法改正の概要

　平成27年9月の労働者派遣法改正により、以前は届出で済んだ特定労働者派遣事業が廃止され、すべての派遣事業が許可制になりました。また、派遣期間の上限がすべての業務で統一され、以前は期間制限の対象外とされていたソフトウェアの開発など専門的な知識が必要とされる業務（専門26業務と呼ばれていました）にも制限が設けられました。

　その他、賃金水準や教育訓練、福利厚生など、派遣労働者の正社員

との待遇格差を改善するため、派遣会社・派遣先共に連携した配慮をすることが義務付けられています。

● 介護施設での派遣の受け入れ状況

介護業界は、ニーズの多さに比較して職員のなり手が少ないとされており、いずれの施設でも人材不足で苦慮しているのが現状です。

人材が不足した場合、施設を運営することが困難になることに加え、不測の状態が2か月にわたった場合、介護施設が施設利用者や介護保険に対して申請する収入の3割が削減されてしまいます。その結果、施設が立ち行かなくなり閉鎖に追い込まれるなど、大きな打撃となるケースもあります。このような事態に対応するため、施設側は積極的な採用活動を行うことになりますが、方法の一つとして派遣労働者を受け入れる施設も多くあります。

● 派遣期間のルール

平成27年の法改正により、すべての派遣労働者が1箇所の派遣先で就労する期間が原則として3年までに統一されました。今後は、3年を超えて同部署で同様の業務を行うことが不可能になり、派遣先が派遣労働者に3年以上の継続勤務を求める場合は、直接の雇用に切り替

■ 労働者派遣

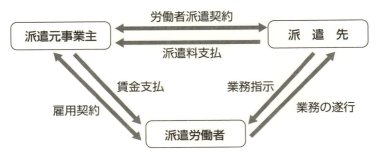

えるなどの措置が必要になりました。

　また、法改正では、新たに「個人単位」と「事業所単位」での派遣期間を制限する制度が新設されました。個人単位での期間制限とは、同じチームで派遣労働者を継続して3年を超えた就労を禁じる制度です。派遣先が派遣労働者の働きぶりを評価し、継続勤務を希望する場合は、3年目以降は派遣元を通さず直接の雇用に切り替えるなどの措置が必要です。

　一方、事業所単位での期間制限とは、派遣先の同じ事業所（場所が同じなど）で、派遣労働者を継続して3年を超えた就労を禁じる制度です。同じ事業所での継続勤務を希望する場合は、リミットである3年を迎える前（1か月前）までに過半数の労働組合から意見を聞くことが必要です。継続して受け入れることが了承されれば、期間の延長が認められます。

　ただし、個人単位・事業所単位での期間制限制度は、共に有期雇用の派遣労働者を対象とするものです。無期雇用の派遣労働者には期間制限はかからず期間制限制度の対象外になります。また、①事業開始や廃止などに伴う有期業務、②1か月に10日以下の日数限定業務、③育児・介護休業社員の代替要員、などのケースについても期間制限制度の対象から外れています。

● 派遣法改正が派遣先企業にどんな影響を与えるのか

　今後は業務内容ではなく、派遣会社との雇用契約が無期雇用か有期雇用かが重要になります。無期雇用の派遣労働者の受入期間には制限がありません。一方、有期雇用の派遣労働者の受入期間は、従来の制限とは別に、派遣労働者ごと（個人単位）で受入期間が設定されます。具体的には、同一組織単位（「部」や「課」など）において、3年を超えて同一の派遣労働者を継続して受け入れることはできません。

　しかし、言い換えれば、派遣先企業は3年ごとに人を交代すれば、

同一の職場に派遣労働者を継続して受け入れることが可能になります。また、従来の制限に対しても、過半数労働組合等に聴取した場合は受入期間を延長できるため、誠実な対応を取りさえすれば事実上は期間制限なく派遣労働者の受入れが可能です。

このように一定の手続きを踏むことで、派遣労働者の受入期間の制限の実質的な排除が可能です。なお、受入期間の制限は、無期雇用されている派遣労働者や60歳以上の高齢者については適用されません。

派遣社員を活用するときのポイント

派遣就労に際しては、派遣会社の従業員全体を対象とする就業規則とは別に、個別に派遣先会社の具体的な就業条件を定めた「就業条件明示書」が交付されます。その就業条件明示書に示された範囲内で、派遣先企業の指揮命令に従うことになります。

就業条件明示書は、派遣会社と派遣先企業との間で締結した「労働者派遣契約」を基に、派遣元から派遣労働者に交付される派遣先企業における就業条件を明示した書面（契約書）です。

■ 個人単位の期間制限

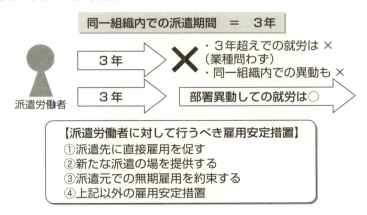

労働者派遣法では、派遣元は派遣先での就業条件を詳しく明示する義務を定めています。主な記載事項は、①業務内容、②派遣先企業の名称・所在地・就業場所、③就業中の派遣労働者を直接指揮命令する者、④派遣期間および就業日、⑤始業・終業時刻、休憩時間、⑥安全および衛生に関する事項、⑦苦情等を申し出る派遣先責任者や派遣元責任者の氏名等、⑧「労働契約申込みみなし制度」が行われる場合、についてで、これらを明確に記載し、書面で交付しなければなりません。

　なお、就業条件（就業時間や就業場所、業務内容など）を変更したい場合は、その都度、派遣元に労働者派遣契約の変更を申し入れ、派遣元は派遣労働者の合意を得る必要があります。

　就業条件明示書に記載された内容と就業実態や業務指示が異なる場合、派遣労働者は派遣会社との雇用契約を解除することができます。派遣労働者はあくまでも就業条件明示書に記載された範囲内で派遣先企業の指揮命令に従えばよく、自らが合意していない業務指示に従う義務はないためです。

● 就業環境の確保や安全衛生にも気をつける

　派遣先企業は、派遣労働者が円滑に業務を遂行できるよう、セクハラ・パワハラ防止など、快適な就業環境を確保するよう努める必要があります。

　また、派遣先企業の社員が利用する食堂や医療室などの施設を利用できるよう取り計らうことや、派遣会社が適切に派遣労働者の賃金を決定できるよう派遣会社から要請があった場合には、派遣労働者と同種の仕事を行う社員の賃金水準や福利厚生等に関する情報を提供するよう努めなければなりません。さらに、派遣先企業は派遣労働者の安全管理および衛生管理について事業者責任も負います。

● 労働契約申込みみなし制度とは

労働契約申込みみなし制度（みなし雇用制度）とは、派遣先企業が受入期間の制限に違反した場合は、派遣先企業がその派遣労働者に対して「直接雇用の申込みをした」とみなす制度です。受入期間の制限違反とは、同一組織内に3年を超えて同一の派遣労働者を受け入れた場合や、過半数労働組合等に聴取せずに受入期間を延長して派遣労働者を受け入れた場合です。労働契約の申込みをしたとみなされた派遣先の事業所は、この申込みを1年間撤回することはできません。

なお、「労働契約申込みみなし制度」が適用されても、派遣労働者が申込みを承諾しない場合には、雇用契約は成立しません。

● 紹介予定派遣とはどのようなものか

紹介予定派遣は、派遣社員がいずれ社員として雇用されることを予定して派遣が行われる制度で、多くのメリットがあります。

まず、派遣先企業では、自前で求人を行う必要がなくなります。さらに、通常の求人と異なり、採用候補者が実際に働いているところを見て判断することができます。一方、派遣元企業にとっては、派遣料金と紹介料を得ることができることが大きなメリットです。そして、派遣社員にかかっていたコストも削減することができます。

また、派遣社員にとっては、実際に働き始めてから自分には合わない職場だと気づく、という状況を回避できます。

紹介予定派遣の期間については、厚生労働省が出している指針で6か月を超えて同じ派遣社員の労働者派遣を行わないよう示されており、紹介予定派遣を経て雇用された社員に対しては別途試用期間を設けることができません。なお、派遣先企業、派遣元企業、派遣社員の三者間で合意があった場合には、派遣就業期間を短縮して派遣先企業と派遣社員との間で雇用契約を結ぶことができます。

３ 高齢者雇用について知っておこう

経験豊富な高齢者を雇用するために雇用体制を整える必要がある

● 介護施設における高齢者の役割

　介護施設においては、高齢者を雇用することが重要であると認識されています。実際に、介護施設の職員の約１割が高齢者である介護施設も存在しており、介護は高齢者雇用にとって、重要な雇用業種ともいえます。

　介護の業種において、高齢者が適任である理由は、年齢を重ねた高齢者は、これまでの豊富な経験が糧になり、人に対して優しさを持って介護サービスを提供することが可能になることが挙げられます。介護サービスの提供は、利用者という人を相手にする業種ですので、業務の正確性や迅速性が必要であることはもちろんのことですが、利用者とのコミュニケーションも、同様に、または、それ以上に重要な要素になっています。さまざまな業種の経験を通じて介護の現場で働く高齢者は、コミュニケーション能力に長けているため、一般に、膨大な業務に追われる介護職員と、介護施設の利用者とのコミュニケーションをつなぐ懸け橋として、大いに活躍することが期待されています。

　高齢者の多くは、他の企業等を定年退職した後に、介護施設で雇用されるに至るケースが多く、非正規雇用職員として、正規職員と比べて、低賃金で雇用することが可能であり、介護施設にとっても大きな負担を抱えることなく、経験豊富な人材を活用できるという大きなメリットがあります。利用者のために仕事を行うという役割は、他人に喜んでもらうことを意味するため、雇用される高齢者にとっても、定年退職後の大きな生きがいをもたらし、人生を豊かなものにするため、高齢者・介護施設の双方にとって、メリットがあるといえます。

● どんな仕事を高齢者に担当させればよいのか

　介護施設で高年齢者が担当する仕事には、特別な教育・研修等が必要ない業務として、施設内の清掃、洗濯、食事の際の配膳業務などを挙げることができます。介護施設は、一般に職員の不足が問題視されており、特に入所型施設におけるこれらの利用者の日常生活上必要な業務を担う重要な人手として、高齢者が活用されることが想定されています。また、業務の時間はもちろん、その合間の時間の中で、利用者の「話し相手」になることも重要な仕事であるといえます。などが挙げられます。

　そして、介護事業の経験がある人や、介護施設での雇用に慣れてきた人に対しては、食事介助や利用者の散歩等への同行等の業務を担う場合もあります。これらの業務は、利用者と直接的な関わり合いを持つ仕事ですが、簡単な介護技術さえ修得すれば、担当することも可能な業務ですので、介護施設は、事故等への注意を喚起する必要はありますが、高齢者にこれらの業務を担当させることも可能です。

　なお、トイレ介助やベッドからの移動介助などは、介護技術の他に、体力的な要素を置く含むため、場合によっては、高齢者に担当させるには、厳しい業務であるともいえます。しかし、近年では介護用ロボットなどが、介護施設に導入されている場合もありますので、これらの業務を高齢者にまかせる場合も、今後増加していくものと考えられます。

● 介護施設で高齢者を雇用するときの注意点

　高齢者を介護施設において活用していくためには、高齢者が持つ、さまざまなニーズに合わせて、勤務日数や就業時間を調整して、複数の雇用形態を選択肢として提供できる体制を整えておく必要があります。具体的には、勤務日数や就業時間を短縮化し、高齢者が無理なく、仕事を継続していくことができるように、雇用体制を整えておくこと

が重要です。したがって、基本的には非正規職員とされることが多く、その他の正規職員とは異なる労働時間や賃金体系で雇用が行われています。

また、高齢者が担当する業務内容とも関わりがある点ですが、高齢者の身体的負荷の軽い部署に配置転換する工夫や、福祉用具などの整備を進めることで、高齢者がより多くの仕事を担当することができるように、雇用環境を整備することも必要です。

● 現在の職員が高齢になった時の雇用の仕方

高年齢者雇用安定法は、高齢者の雇用の安定や再就職の促進などを目的とした法律です。高齢者の定年に関する制限、高年齢者の雇用確保のために事業者が講じるべき措置、高年齢者雇用推進者の選任といった事柄が定められています。

定年年齢を引き上げるという施設も多いようですが、継続雇用制度を利用して、労働者の希望に応じて定年後も雇用を続ける施設もあります。**継続雇用制度**には、再雇用制度と勤務延長制度の2種類の方法があり、再雇用制度とは、定年者をいったん退職させ、その後に雇用形態を問わず再雇用する制度です。一方、勤務延長制度とは、定年者を退職させず、引き続き雇用する制度です。雇用契約は消滅せず引き継がれます。

ただし、継続雇用制度には適用年齢に関する経過措置が認められています。60歳に定年を迎えた者が年金を受給できるまでの期間について、収入確保のために継続雇用を希望した場合はその全員を再雇用しなければなりません。一方、65歳までの間に年金の受給が開始される者については、労使協定を用いて継続雇用者の要件を定めることが可能になります。

Q 介護職員として外国人を受け入れる方法には、どのようなものがあるのでしょうか。また、どんな問題があるのでしょうか。

A 介護職員として外国人を受け入れる方法にはいくつかの種類があります。まず、在留資格をもつ外国人を労働者として雇い入れる方法があります。在留資格とは、日本に在留した外国人が可能な行動等を類型化したものです。詳細は出入国管理及び難民認定法（入管法）に規定されており、現在は33種類の在留資格が定められています。外国人はこの在留資格のいずれかに該当しなければ、90日を超えて日本に滞在してはならないことになっています。現在のところ、医療・介護分野においての在留資格は医師・歯科医師・看護師などにしか認められておらず、介護職に従事する者の在留資格は認められていません。また、介護分野についての技能実習も在留資格として認められていません。そこで今後は、入管法を改正し、介護福祉士の資格を有する者が介護業務に従事する場合に在留資格を認めることや、介護職の技能実習制度を導入することなどが予定されています。

また、インドネシア・フィリピン・ベトナムとの間で締結されている経済連携協定（EPA）によって介護福祉候補生を受け入れる方法もあります。この場合、国際厚生事業団（JICWELS）に求人登録し、雇用契約を締結するためのあっせんを受ける必要があります。

いずれの方法による場合であっても、外国人を雇用する場合、労働契約や各種規則を整備する必要があります。外国人も日本人と同様に社会保険に加入する必要がある点や、採用・離職時にその氏名、在留資格等をハローワークに届け出なければならない点には注意が必要です。外国人労働者は、利用者や他の従業員との間のコミュニケーションに問題が生じるケースが少なくありません。文化や言語の違いについて理解を深め、働きやすい職場環境を整えることも重要になります。

採用についての法律問題をおさえておこう

労働条件の明示や中間搾取の禁止などの約束事が労働者を守る

● 採用選考一般の注意点

採用選考の実施にあたって、施設側が最も気をつけなければならないことは「公正な」採用選考を行うということです。性別や思想、家族状況、生活環境など、応募者の適性・能力とは関係ない事柄を理由に門前払いすることは違法となります。公平を期するためには、期日前の関係書類提出や選考を実施してはいけません。また、提出書類として戸籍抄本や住民票を求めることはできないので注意してください。

その他の注意点としては、個人情報保護の問題があります。個人情報とは、特定の個人であると識別できる情報のことです。

採用担当者は、求職者の個人情報を採用のために必要な範囲内で収集・保管・使用し、不採用時は写しも含め的確に返却や破棄をしなければならないため注意が必要です。

なお、働く人が性別により差別されないようにするため、男女雇用機会均等法（雇用の分野における男女の均等な機会及び待遇の確保等に関する法律）が定められています。

この法律によれば、募集・採用の際に、その対象から男女のいずれかを排除することが禁じられます。また、一定の職務への配置について、その対象から男女のいずれかを排除することも禁止されています。

● 介護人材の採用ではどんなことに気をつけるのか

介護事業所において職員を採用するときには、求める人材や採用条件（職種・資格等）を明確に示す必要があります。一般的には、未経験より経験者、介護職員初任者研修（ヘルパー２級）や介護福祉など

の上級資格を持っている人が採用されやすいといえます。しかし、資格に関係ない仕事の担い手を求めているような場合には、そのことを明示しておくことで、多くの求人者を集めることにつながります。

経験者や資格を持っている人は、実際の介護現場のことをある程度把握しており、即時に必要になる技術・知識をあらかじめ持ち合わせています。そのため、介護施設がそのような即戦力を求めている場合には、募集条件の他、介護施設からのコメントとして、求人情報の中に、その旨を掲載しておく必要があります。

なお、介護について経験がない職員を採用する場合には、従事していた異業種の内容等を、しっかり確認して適性を見極める必要があります。

また、雇用時間に関しても、注意が必要です。特に入所型の介護施設では、24時間体制での勤務が必要であり、必要な人材が多いことが重要であると共に、夜勤の可能な人材を確保することが必要になります。そのため、応募者に対して、夜勤が可能であるのかあらかじめ確認しておかなければ、実際に雇用することになり、シフトを組む際に、雇用時間に制約がある職員ばかりで、特に夜間に職員が不在になってしまうというおそれがあるためです。

なお、介護職に関しては、離職者の多さも問題になっています。そのため、職員の採用においても、応募者が継続的に介護の現場で働き続けることが可能な人材であるのかどうかを、経験や雇用時間・雇用条件などを総合的に考慮して、慎重に見極めることが介護施設にとって非常に重要です。

もっとも、介護施設にっとって、すべての雇用条件を兼ね備えている人材が、必ずしも見つかる保証はありません。そこで、介護施設にとって、現在必要としている人材に不可欠な要素が難であるのかを明確にした上で、柔軟に人材を選定していく必要があります。

● 履歴書と職務経歴書から読み取れること

　一般的な履歴書には、①作成日、②名前（ふりがな）、③生年月日・年齢、④性別、⑤住所、⑥電話番号、⑦学歴・職歴、⑧免許・資格、⑨志望動機・趣味・特技・アピールポイントなど、⑩本人希望、⑪写真貼付欄などの項目が用意されています。記載内容を見るときに気をつけなければいけないことは、書かれていることがすべて真実かどうかはわからない点です。表面的な記載内容をうのみにせず、注意深く確認しましょう。また、履歴書の内容で特に注目したい項目に、職歴があります。前職の在職期間や、介護職の経験の有無、次の就職先に移るまでの期間などに注目しましょう。転職・退職の期間が短い場合や、次の就職までかなり間が空いている場合は要注意です。

　一方、職務経歴書は、求職者の職歴をより詳細に記載したものです。職務経歴書を見る場合、まずは転退職の理由がきちんと書かれているか、その内容に矛盾がないかをチェックします。何度も転退職を繰り返している場合、勤務態度が悪い、不正を働いたなどの問題を抱えていることがあるため、注意が必要です。

● 面接時の注意点

　面接は、すでに実施した書類選考や適性試験を通過した応募者を相手に行うもので、これまでに得た情報を最大限に活用して、採用すべき人材であるかを見極めます。まずは事前情報をもとに応募者に質問をします。回答からさらに質問がある場合には質問を重ね、面接で知っておきたいことを尋ね終えた後、最後に応募者からの質問を受け付けるようにします。

　応募者に聞いてはいけない内容とは、思想の自由を妨げるような内容や、一般的にセクハラにあたるとされている質問事項です。面接担当者自身にその気がなくても応募者側が受け取ればセクハラと判断される場合があるため、十分注意する必要があります。

採用時の提出書類

　採用が決定した職員に対しては、すぐに就業日や就業時間、就業場所などを通知します。同時に、住民票記載事項証明書や扶養控除申告書などを提出してもらいます。

　住民票記載事項証明書は、住所を記した公的な文書で、本籍の記載がなく個人情報も保護されています。なお、職員のマイナンバー情報取得のため、個人番号カードや通知カードの提出も求められます。

　転職者の場合は、就業日に年金手帳や雇用保険被保険者証、前の会社の源泉徴収票を持参するようにお願いしておきましょう。

　また、就業時には、施設の理念に則って業務に従事することを約束する「誓約書」と、不正があったときなどには損害賠償などの保証人となることを明記した「身元保証書」などを提出してもらうことが重要となります。

・誓約書

　誓約書は、施設の就業規則やその他の規則を守って業務に専念することを約束する文書で、組織の一員として一生懸命に働くことを誓わせるねらいがあります。誓約書には法的な効力はないものの、署名、押印を要求するため、従業員は精神的な拘束を受け、組織の一員としての自覚を促すことにつながります。

・身元保証書

　「身元保証書」は、従業員の保証人と会社の間で交わされる契約書です。施設に対し、その相手が職員として適性があると推薦すると同時に、施設に損害を与えた場合には金銭的にも保証していくことを約束することです。職員が独断で親族の名前を記入する場合があるため、身元保証人に対して礼状を送る方法をとると効果的でしょう。

　身元保証書には有効期間があり、更新をしないと以後は無効になります。期間は定めを設ける場合は上限5年、設けない場合は3年間です。

雇用契約の締結上のルールをおさえておこう

正規・非正規職員を問わず、必要事項について職員に通知する必要がある

● 必ず書面で明示する必要がある

　労働契約（**雇用契約**）は労働者（被雇用者）が使用者に労務の提供をすることを約束し、使用者がその対価として賃金を支払う契約です。

　ただ、お互いが合意さえすれば、どんな内容の労働契約を結んでもよいというわけではありません。労働契約はさまざまな法令の制約を受けます。その中で主な基準となるのは**労働基準法**、労働組合法による**労働協約**や**就業規則**です。これらに違反しない範囲の労働契約は有効です。

　労働基準法によると、労働条件は介護施設（使用者）と介護職員（労働者）が対等の立場で決めるべきだとしています（2条1項）。また、介護職員を保護するために、合意された内容のうち労働基準法で定める最低基準に満たないものは無効です。この場合は同法に規定される内容がそのまま契約内容になります（13条）。介護施設は労働契約の締結にあたり、労働条件を明示しなければなりません。明示する内容は賃金や就業時間などです。なお、一定の事項については書面による交付が義務付けられています（次ページ図）。

　労働契約の内容は、法律や規則あるいは書面により決定されます。契約内容が記された就業規則を備え付けるなどの方法による職場での明示が義務付けられています。さらに労働基準法は、介護職員を雇い入れる際に、賃金、労働時間などの重要な労働条件を明確に説明することを義務付けています（15条1項）。労働条件の明示は口頭でもかまいませんが、そのうち「賃金の決定、計算、支払いの方法、締切、時期」などの一定の事項については、書面（労働条件通知書）を交付

して明示しなければなりません。

● 非正規職員への通知事項

人手不足が深刻な介護に関する職場では、正規職員に比べて、非正規職員の割合が高くなっています。つまり、非正規職員に頼らざるを得ない状況になっており、非正規職員に対する、慎重な対応が必要になっています。パートタイム労働者などの非正規雇用職員を雇用する場合には、前述した事項に加えて、①昇給の有無、②退職手当の有無、③賞与の有無、④雇用管理改善措置・相談窓口について、文書あるいは電子メールなどによって明示することが必要です。

なお、介護施設にとって非正規職員は貴重な人材ですので、担当している職務の内容、シフトなどの運用状況が、他の正規職員等と同一の非正規職員については、賃金の決定方法が正規職員と同一になるように注意しましょう。正規職員と非正規職員との間の賃金格差はとても大きいため、賃金格差を是正することで、非正規職員の雇用を円滑

■ 明示が必要な労働条件

書面で明示しなければならない労働条件	● 労働契約の期間に関すること ● 期間の定めのある労働契約を更新する場合の基準に関する事項 ● 就業場所、従事すべき業務に関すること ● 始業・終業の時刻、所定労働時間を超える労働の有無、休憩時間、休日、休暇、交替勤務制の場合の交替について ● 賃金(※)の決定、計算・支払の方法、賃金の締切、支払の時期、昇給に関すること ● 退職・解雇に関すること
右に示した事項を使用者が定めている場合には明示しなければならない労働条件	● 退職手当の定めが適用される労働者の範囲、退職手当の決定、計算・支払の方法、退職手当の支払の時期に関すること ● 臨時に支払われる賃金(退職手当を除く)、賞与・賞与に準ずる賃金、最低賃金に関すること ● 労働者の負担となる食費、作業用品などに関すること ● 安全、衛生に関すること　● 職業訓練に関すること ● 災害補償、業務外の傷病扶助に関すること　● 表彰、制裁に関すること ● 休職に関すること

※ 退職手当、臨時に支払われる賃金、賞与等の賃金を除く

に進める目的があります。そのため、賃金の決定方法について、非正規職員にとって明らかになるように通知しておく必要があります。

● 何をしてもらうのかを明示する

「明示すべき労働条件」の中で、特にあいまいになりやすいのが、従事すべき業務に関する事項です。この点で介護施設と介護職員側の認識にズレがあると、「採用する人材に求めていた能力を持っていない」などの問題が発生するため、注意しましょう。たとえば事務員としての採用であっても、緊急時等時に施設内での作業を手伝うことがある場合には、雇用契約書にその旨を明記しておく必要があります。

● 三帳簿と新しい介護職員に提出してもらう書類

介護施設などの事業所で新たに職員を採用した場合には、さまざまな書類を作成します。このような書類には法律による書式の規定が設けられていないため、原則として介護施設の必要にあわせて自由に作成することができます。

ただ、人を雇用する事業所として、法律上、備え付けが義務付けられている書類もあります。これを**法定三帳簿**（または雇用三帳簿）といいます。法定三帳簿とは、①出勤簿またはタイムカード、②賃金台帳、③職員名簿の３つの書類です。これらの書類は、雇用保険に関する手続きの際などの場合に、職員の就労状況を把握するため、提出が求められるケースもあります。介護職員を採用した事業所は、これらの法定三帳簿を必ず作成しなければなりません。

また、介護施設の事業所で職員を採用した場合に、その職員から提出してもらう書類は、介護施設によって異なりますが、一般的には、①履歴書（自筆、写真を貼ってあるもの）、②最終学歴の卒業証明書（新卒者の場合）、③誓約書（仕事の内容による）、④身元保証書、といった書類を提出してもらうことになります。

職員の労働条件を規制する法律について知っておこう

職員も労働者であるため、さまざまな労働法が適用される

● 労働条件を定める上で基準となる法律がある

　労働者の働き方について定めているルールのことを労働法といいます。労働法とは、労働基準法、労働組合法、労働者派遣法、育児・介護休業法、パートタイム労働法などの多数の法律と命令（政・省令）、通達、判例の総称です。労働法は、働く人が生活と健康を守りながら仕事をするために重要な役割を果たしています。主な労働関係の法律には以下のものがあります。

① **労働基準法**

　労働基準法は、数ある労働法規の中でも根幹に位置する重要な法律です。個々の労働者を保護するために、法定労働時間や法定休日、休暇などの労働条件についての最低基準を定めています。

② **労働契約法**

　労働者は、就職すると企業と労働契約を結ぶのが通常ですが、労働契約法では労働者と使用者が労働契約を結ぶ上で守らなければならないルールが定められています。労働契約を結ぶ上でのルールを明確にすることで、労使間のトラブルを減少させることが目的です。

③ **労働安全衛生法**

　近年はうつ病など精神面での健康を害し、会社を休業・休職する人も増えています。労働安全衛生法は、社員の安全と健康の確保と、快適な職場環境の形成を目的とする法律です。介護施設は、労働者のメンタルヘルス対策や職場復帰の支援にも取り組む必要があります。

④ **育児・介護休業法**

　正式には『育児休業、介護休業等育児又は家族介護を行う労働者の

福祉に関する法律」といいます、育児や介護を行う労働者に対しては、休業だけでなく、働き方についてもさまざまな配慮が必要になるため、育児・介護休業法でルールが定められています。

育児・介護休業法については、平成28年3月に、育児休業の申し出ができる有期契約労働者の要件の緩和、介護休業の分割取得や介護休暇の半日単位取得、といった事項について法改正が行われています。

⑤ 　男女雇用機会均等法

募集・採用から退職・解雇に至るすべての過程で、労働者の性別を理由に差別することを禁じた法律です。当然、パートタイマーにも適用されますので、性別だけを理由に男女間の時給に差をつけるというようなことは禁じられています。

⑥ 　パートタイム労働法

短時間労働者の働きや貢献を考慮した上で、公正な待遇を確保することを目的として、定められた法律です。「短時間労働者の雇用管理の改善等に関する法律」の略称です。

■ 労働法の全体像

労働法
- 労働条件の基準などについて規定する法律 ← 労働基準法、パートタイム労働法、最低賃金法、男女雇用機会均等法、育児・介護休業法など
- 雇用の確保・安定を目的とする法律 ← 労働者派遣法、雇用対策法、職業安定法、高年齢者雇用安定法など
- 労働保険・社会保険に関する法律 ← 労災保険法、雇用保険法、健康保険法、厚生年金保険法など
- 労働契約・労使関係を規定する法律 ← 労働契約法、労働組合法、労働関係調整法など

就業規則について知っておこう

10人以上の会社では就業規則を作成しなければならない

● 就業規則や労使協定、労働協約による定め

就業規則とは、従業員の待遇、採用、退職、解雇などの取扱いや服務規律、福利厚生、その他の内容を定めたルールブックのことです。

労使協定とは、事業場の過半数にあたる組合もしくは従業員の代表者と使用者との間で交わすものです。労使協定で定められた内容は事業場のすべての従業員に適用されます。

一方、**労働協約**とは、労働組合側と使用者側との間で労働条件等の交渉を行い、合意された内容を定めるものです。組合員が個々で使用者と交渉する手間を省くため、団体交渉を行った上で交わされます。労働協約は、必ず書面での作成が必要とされ、内容に反した行為や条件などは無効となります。なお、労働協約は労使協定とは異なり、適用されるのは組合員のみです。

● 労働者10人以上の会社では就業規則の作成が義務

常時10人以上の労働者を使用する事業所は、就業規則を作成し、労働基準監督署に届け出なければなりません（労働基準法89条）。なお「10人」については、雇用形態を問わず、正社員、パート、アルバイト、契約社員などのすべてを含めた労働者について適用されます。

また、就業規則作成の際には、必ず労働者の代表（労働者の過半数を代表する者）の意見を聴かなければなりません（90条1項）。これに伴い、就業規則を届け出る都度、労働者代表の意見を記した意見書を必ず添付することになっています（90条2項）。この意見書が添付されていないと、就業規則は無効となり受理されません。

● 就業規則の記載事項

就業規則に必ず明記しなければならない事項には、以下の3種類があります。

① 絶対的必要記載事項

必ず記載しなければならず、違反すると30万円以下の罰金という刑事罰に処されます。始業・終業の時刻、休憩時間、休日、休暇、賃金の締切り・支払時期に関する事項などをいいます。

② 相対的必要記載事項

規定の義務はないものの、何らかの定めをする場合は必ず記載しなければならない事項です。退職手当や安全衛生、その事業場の労働者すべてに適用する定めを作る場合はその事項などをいいます。

③ 就業規則の任意的記載事項

任意記載が許された事項のことです。就業規則制定の目的や趣旨、用語の定義、従業員の心得、職種や職階などがこれに該当します。

● 就業規則を変更して労働条件を変更する場合の注意点

就業規則を変更する場合は、作成時と同様に労働基準監督署に届出をすることが義務付けられています。また、「意見書」の添付も作成時と同様に必要となりますが、就業規則の変更が労働者に不利益になる場合は労働者代表の意見を聴くだけでは足りず、労働契約法の原則に従った「合意」を得られなければ、原則として変更ができません。

なお、一定の要件を満たした場合は、労働者との合意を得ないまま、就業規則を変更し、労働条件を不利益に変更することが可能です。ただし、この場合は、変更後の就業規則の内容を労働者に周知させる（広く知らせる）ことが必要で、①労働者の受ける不利益の程度、②労働条件の変更の必要性、③変更後の就業規則の内容の相当性、④労働組合との交渉の状況、などの事情を考慮する必要があります。

● 介護施設ではどんなことに気をつけるのか

　介護業界の場合、就職活動の際に待遇を重視することが多くあるため、就業規則に的確な内容を定めておくことが非常に重要です。介護施設においては、正社員の他、パートやアルバイト、派遣労働者など、さまざまな勤務日数や時間で働く従業員が存在します。特に労働条件については、正社員とその他非正規労働者の待遇を分ける必要性が生じるため、雇用形態に応じた就業規則を整備しておくことで個々での条件交渉の手間が省け、効率がよくなります。

　また、福利厚生や服務規律などの内容については、雇用形態問わずどの従業員にも公平に対応する必要があるため、これらの内容はすべての就業規則において統一しておくことで、よけいなトラブルを避けることができます。介護業界は離職率が高い業界でもあるため、従業員が抱える不満やストレスを規則の整備で解消していくことが重要です。

■ 就業規則による労働条件の不利益変更

- **原則** … 労働者の同意がなければ無効
- **例外** … 変更後の就業規則を労働者に知らせた上、変更に合理性があれば有効

合理性の判断基準

以下の事項を総合的に判断する
- 不利益の程度
- 他の従業員の対応
- 労働条件の変更の必要性
- 変更後の条件の水準
- 同種他社の水準
- 代償措置の有無
- 社会通念（一般常識）
- 労働組合の対応
- 職場規律のための変更の必要性

賃金・労働時間・休日のルールについて知っておこう

法に基づいた時間内で適切に与える必要がある

● 賃金は給料だけではない

賃金とは、労働基準法では給料だけでなく、広く「賃金、給料、手当、賞与その他名称の如何を問わず、労働の対償として使用者が労働者に支払うすべてのものをいう」とされています（労働基準法11条）。

賃金には実際に行った労働の直接の対価に加え、家族手当、物価手当、通勤手当、休業手当、年次有給休暇中が含まれます。また、役職手当、時間外手当、家族手当、住宅手当も賃金にあたります。

さらに、賞与や退職金は、労働協約、就業規則、労働契約であらかじめ支給の条件を決めておけば、使用者に支払いが義務付けられることになるため賃金になります。

その他、結婚祝金、出産祝金、病気見舞金、災害見舞金、近親者死亡の際の弔慰金などの使用者が任意的、恩恵的に支払うものも、就業規則などに明確な支給条件が規定されていれば、賃金とみなされます。

● 介護施設で労働時間はどのように管理すればよいのか

労働基準法32条は、原則として週40時間・1日8時間を超えて労働させてはならないと定めており、これを**法定労働時間**といいます。この法定労働時間を超える労働を時間外労働といいます。ただし、10人に満たない労働者が勤務する介護施設の場合は、週44時間・1日8時間の労働が認められているため、従業員に週40時間を超えた労働をさせていたとしても、44時間までの労働であれば時間外労働ではなく法定労働時間として認められます。

労働時間は、使用者の指揮命令下にあるかどうかで判断されます。

したがって、業務時間前に事前ミーティングを強いる場合や、業務時間後に片付けや掃除を当番制で行っている場合などは労働時間にカウントされるため、時間数によっては時間外労働と扱われる場合があります。

なお、使用者には、労働者の労働時間を適切管理しなければならない義務があります。したがって、使用者が出退勤時間を自ら確認する方法か、タイムカードなどで出退勤状況を記録する方法を検討しなければなりません。

● 休憩時間のルール

労働基準法は、休憩時間についてもルールを置いています。**休憩時間**とは、労働者が休息のために労働から完全に解放されることが保障されている時間です。

休憩時間は労働者の自由に利用させることが義務付けられているため、休憩時間と謳っている場合でもその時間が呼び出しの待機時間であった場合は休憩時間とならず注意が必要です。

休憩時間は、1日の労働時間が6時間超の場合は45分、8時間超の場合は1時間以上を労働時間の途中に一斉に与えなければなりません。ただし、一斉に休暇を与える場合は運営が困難となる施設の場合は、労使協定を締結することで交替休憩させるなどの例外が認められています。また、50人以上の労働者が勤務する介護施設の場合は、性別ごとに休息を取ることができる場所を設けることが必要です。

● 休日の原則的なルール

休日とは、労働者が労働義務を負わない日のことです。労働基準法35条では、原則として毎週少なくとも1回の休日を労働者に対して与えなければならないと定めています。

つまり、法律上は週に1回休日があれば足りることになりますが、

原則として1週40時間、1日8時間という法定労働時間が設けられており、1日8時間労働であれば5日で40時間に達するため、最近では週休2日制もかなり一般的になっています。

週休制の原則が守られていれば休日労働としての割増賃金を払う必要がないため、たとえば週休2日制を採用している施設でそのうち1日に出勤をさせたとしても、それは休日労働には該当しないことになります。

● 代休と振替休日

振替休日とは、就業規則などで休日があらかじめ決まっている場合に事前に休日を他の労働日と入れ替え、あらかじめ休日と定められていた日に労働し、その代わりに他の労働日を休日とすることです。元々の休日は労働日であるため休日労働とはならず、割増賃金の支払義務はありません。

一方、**代休**とは、もともとの休日に出勤させ、使用者がその代償として事後に与える休日です。したがって、代休には割増賃金の支払義務が生じ、使用者は代休を与える義務は法的にはありません。

振替休日の制度を実際に利用する場合には、次の要件に該当する必

■ 労働時間の考え方

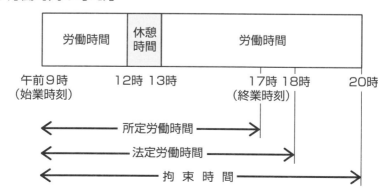

要があります。
① 就業規則などに、「業務上必要が生じたときには、休日を他の日に振り替えることがある」旨の規定を設ける
② あらかじめ、休日を振り替える日を特定しておく
③ 遅くとも前日の勤務時間終了までには、当該労働者に通知しておく

　事前に休日の振替えをしなかった場合は、休日に労働させた事実は消えません。使用者が振替命令を出すには、労働協約や就業規則に規定されているか労働者が事前に同意しているかのいずれかが必要です。さらに、1週1日または4週4日の休日が確保されなければなりません。

　なお、休日勤務は割増賃金の支払をめぐってトラブルになることがあるため、休日勤務届出書、代休請求願、振替休日通知書などの書面を利用して、労働日数の管理を徹底させるのがよいでしょう。

■ 振替休日と代休の違い

	振替休日	代休
意味	あらかじめ休日と労働日を交換すること	・休日に労働させ、事後に代わりの休日を与えること ・使用者には代休を与える義務はない
賃金	休日労働にはならないので通常の賃金の支払いでよい	休日労働になるので割増賃金の支払いが必要
要件	・就業規則等に振替休日の規定をする ・振替日を事前に特定 ・振替日は原則として4週の範囲内 ・遅くとも前日の勤務時間終了までに通知	・特になし。ただし、制度として行う場合には就業規則などに具体的に　記載が必要

第3章　従業員を雇った場合の法律知識

Q 最低賃金とはどのようなものなのでしょうか。

A 賃金の額は使用者と労働者との合意の下で決定されるものですが、景気の低迷や会社の経営状況の悪化などの事情で、一般的な賃金よりも低い金額を提示する使用者がいないとも限りません。そのような場合、賃金をもらって生活をしている労働者の立場では、提示額をそのまま受け入れざるを得ないという状況になり、苦しい生活環境を強いられるということも考えられます。そこで、国は最低賃金法を制定し、賃金の最低額を保障することによって労働者の生活の安定を図っています。最低賃金法の対象となるのは労働基準法に定められた労働者であり、パートタイマーやアルバイトも当然に含まれます。たとえば、個別の労働契約で、最低賃金法を下回る賃金を設定していたとしても、その部分は無効であり、最低賃金法の賃金額で契約したものとみなされます。最低賃金法未満の賃金しか支払っていない期間があれば、事業者はさかのぼってその差額を労働者に支払わなければなりません。

最低賃金には、①地域別最低賃金、②特定最低賃金（従来の産業別最低賃金）があります。どちらも都道府県ごとに設定されており、ほぼ毎年改正されています。原則として地域別最低賃金が適用されますが、特定最低賃金と競合する場合は、一般に、金額の高い特定最低賃金が優先して適用されます。

なお、試用期間中の者や、軽易な業務に従事している者、一般の労働者と比べて著しく労働能力の低い労働者などについては、都道府県労働局長の許可を得ることによって最低賃金額を下回る賃金を設定することができます。

有給休暇について知っておこう

業務上の著しい支障がなければ従業員の請求した日に付与する

● 有給休暇とは

　年次有給休暇とは、年休や有給休暇ともいい、1週1日（または4週で4日）の休日以外の休みで、取得しても給料が支払われます。

　有給休暇制度の目的は、労働者が心身共にリフレッシュし、新たな気持ちで仕事に向えるようにすることです。有給休暇の取得は労働者の権利であり、使用者は労働者が有給休暇を取ったことを理由にして賃金や査定で不利な判断をしてはいけません。

　有給休暇の権利を得るには、①採用されてから6か月以上継続して勤務していること、②付与日の直近1年（採用されて6か月後に付与される有給休暇はその6か月）の全労働日の8割以上出勤したこと、などの条件があります。これを満たせば、定められた日数の有給休暇が自動的に与えられます（労働基準法39条）。

● 付与日数

　有給休暇に、労働者の勤続状況によって段階を経て優遇されていきます（労働基準法39条1項〜3項）。

　最初の6か月を経過した段階で10日間の有給休暇が与えられ、1年6か月で11日、2年6か月で12日と、1日ずつ増えて行きます。そして3年6か月経過時点から2日ずつ加算され、最大付与日数は、6年6か月を経過した時点で与えられる20日間です。なお、取得した分は翌年に繰り越せますが2年で時効消滅します（労働基準法115条）。

　なお、「全労働日の8割」を計算する際に、以下の場合は出勤したものとみなされます（労働基準法39条8項）。

第3章　従業員を雇った場合の法律知識

① 業務上の負傷・疾病による療養のための休業期間
② 産前産後の休業
③ 育児・介護休業法による育児と介護休業
④ 有給休暇を取った日

● **有給休暇中の賃金の金額**

　労働者が有給休暇を取得する場合、使用者は労働者に賃金を支払わなければなりません。その金額は原則として、次のいずれかを就業規則等に定めて適用します。
① 平均賃金
② 所定労働時間労働した場合に支払われる通常の賃金
③ 標準報酬日額
　なお、②の所定労働時間労働した場合に支払われる通常の賃金を選択する場合、時間給制であれば「時間給×その日の所定労働時間数」で、日給制であれば日給を用いて算定します（同法39条）。

● **取得手続き**

　有給休暇は、原則として従業員が「○○日に取得したい」と申し出た場合は、使用者側がそれを別の日に変更することはできず、あくまでも従業員が請求した日に付与しなければなりません。これを従業員の**時季指定権**といいます（労働基準法39条5項）。

　ただし、従業員が有給休暇を取得することで、事業所が正常に運営されないような緊急の場合は、使用者はその日時を変更することが許されています。これを使用者の**時季変更権**といいます。この時季変更権が認められるには、その労働者が担当している業務の内容や、他の従業員との兼ね合いなどを考慮した上で判断がなされます。一度に多数の従業員が休暇を取得してしまい、施設の手が回らない、という状況下では、時季変更権が許されることになります。

● シフトにどう取り込むか

　介護施設は常にスタッフの誰かが常駐している必要性の高い職場であり、従業員が代わる代わる予期していない時期に有給休暇を取得した場合、残っているスタッフに大きな負担がかかる可能性があります。

　対策法としては、**計画年休**という制度を活用する方法が挙げられます。計画年休制度を用いることで、従業員が取得できる有給休暇のうちの何日かを、計画に沿った日にちで与えることができます。

　なお、計画年休制度を導入する場合は、労使協定（労働者の過半数で組織する労働組合がある場合は労働組合、労働組合がない場合は労働者の過半数を代表する者との書面による協定）を締結する必要がありますが、この労使協定についての届出は不要です。

　また、従業員が取得するすべての有給休暇を計画年休に充てることはできず、少なくとも5日は従業員の請求に応じて取得できるように残さなければなりません。

■ 有給休暇取得日数

労働日数 \ 継続勤続年数	0.5	1.5	2.5	3.5	4.5	5.5	6.5以上
①一般の労働者、週の所定労働時間が30時間以上の短時間労働者	10	11	12	14	16	18	20
②週の所定労働時間が30時間未満の労働者							
週の所定労働日数が4日または1年の所定労働日数が169日〜216日までの者	7	8	9	10	12	13	15
週の所定労働日数が3日または1年の所定労働日数が121日〜168日までの者	5	6	6	8	9	10	11
週の所定労働日数が2日または1年の所定労働日数が73日〜120日までの者	3	4	4	5	6	6	7
週の所定労働日数が1日または1年の所定労働日数が48日〜72日までの者	1	2	2	2	3	3	3

※ 週の所定労働時間が30時間未満の労働者で、週の所定労働日数が5日以上または1年の所定労働日数が217日以上の者については①として判断する

なお、介護業界の場合はシフト制を用いる場合が多くあるため、計画年休制度を用いる場合は、月ごとのシフトを作成する際に用いる方法が効果的です。

● 計画年休のメリット・デメリットとは

有給休暇の計画的付与の方法には、①事業場全体の休業による一斉付与方式、②グループ別の付与方式、③年休付与計画表による個人別付与方式の3つがあります。

この制度を活用すれば、使用者側には有給休暇の日程を計画的に決めることができるというメリットがあります。また、労働者側にも忙しい場合や休みを取りにくい雰囲気の中でも有給休暇が取りやすくなり、有給休暇の取得率が向上し、労働時間の短縮につながるというメリットがあります。一方、自分の都合のよい日を自由に有給休暇に指定することができないというデメリットもあります。

なお、労使協定によって有給休暇の計画的付与を決めた場合には、労働者の時季指定権も使用者の時季変更権も共に使えなくなります。

● 有給休暇は買い上げることができる

有給休暇は法律に基づいて労働者に与えられた権利です。したがって、使用者が有給休暇を労働者から買い上げた上で日数を減らす行為や労働者から請求された日数の休暇を与えない行為などは、有給休暇の制度の趣旨に反するため労働基準法違反となります。

ただ、例外として、以下の3つのケースについては、使用者が有給休暇を買い上げることが認められています。

① 取得後2年が経過しても未消化の日数分
② 退職する労働者が退職する時点で使い切っていない日数分
③ 法定外に付与した日数分

● 時間単位で取得することができる

　時間単位の有給休暇とは、労働者が時間単位で有給休暇を取得する制度のことです。時間単位で取得できるようにするには、①労使協定の締結、②日数は年に5日以内、③時間単位で取得することを労働者が希望していること、が必要です。与える手続きについては、当該事業場に労働者の過半数で組織する労働組合があるときはその労働組合、それがないときは、労働者の過半数を代表する者と使用者との書面による協定によって以下の①～④の内容を定めなければなりません（労働基準法39条4項）。

① 　時間単位で有給休暇を与えることができる労働者の範囲
② 　時間単位で与えることができる有給休暇の日数（5日以内に限る）
③ 　時間単位年休1日の時間数（端数は時間単位に切上げ）
④ 　その他厚生労働省令で定める事項（1時間以外の時間を単位とする場合の時間数など）

　特に女性の職員が多い介護施設では、介護職員自身が、家庭等において育児や介護に追われている場合があるため、休暇を取る場合が少なからずあります。給与を与えられながら、休暇を取得するためには、従来は、日単位で与えられる有給休暇の取得を希望するのみでした。しかし、時間単位の有給休暇の取得が認められれば、介護職員は、これまで以上に、自らの時間に合わせて介護職務に従事できます。また、介護施設側にとっても、貴重な人材である介護職員について、1日の途中から業務に入ってもらう、または途中で抜けてしまっても、それまで人材を確保できるという利点から、時間単位の有給休暇を認めることは、介護施設にとってもメリットが多くあります。

平均賃金とはどのようなものなのでしょうか。

　有給休暇を取得した場合など、何らかの事情で労働しなかった期間であっても賃金が支払われることがあります。この場合、その期間の賃金の額は会社や施設側が一方的に決めるのではなく、労働基準法の規定に基づいて1日の賃金額を算出し、これに期間中の日数を乗じた額とすることになっています。その基準となる1日の賃金額を平均賃金と呼びます。

　前述した年次有給休暇中の賃金の他、労働基準法の定める解雇予告手当、休業手当、災害補償の支払いおよび減給の制裁額は、この平均賃金をもとにして決定されます。

　平均賃金は、原則として、それを算定すべき事由の発生した日以前の3か月間に当該労働者に支払われた賃金の総額を、その期間の総日数（暦日数）で割った金額となります。「算定すべき事由の発生した日」とは、解雇予告手当については労働者に解雇の通告をした日、休業手当・年次有給休暇中の賃金については休業日・有休取得日（2日以上の期間にわたる場合は、その最初の日）、災害補償の場合は事故の起きた日または病気になった日（診断によって疾病が確定した日）、減給の制裁額については制裁の意思表示が相手方に到達した日をいいます。

　なお、臨時に支払われた賃金（結婚祝金、病気見舞金、弔慰金など）、3か月を超える期間ごとに支払われる賃金（賞与など）、または通貨以外のもので支払われる賃金などは、通常の生活資金ではないため、平均賃金の計算の対象となる「賃金の総額」から除外されます。

　また、有期職員やパートタイム労働者などの場合、就労日数が少ないことが多いため、前述の計算方法で平均賃金を算出すると低額となり、労働者の生活保障が図れないことがあります。そのため、実際の出勤日数を使った方式で計算した額を最低保障額としています。

病気やケガをした際の制度について知っておこう

従業員が傷病手当金の支給申請を行うケースもある

● 傷病手当金とは

　介護施設では、さまざまな年代の従業員が勤務をするケースが多くあります。したがって、突発的に病気やケガをし、時には長期間にわたり休養を必要とする事態に陥る可能性があります。

　しかし、このような場合に従業員が保有している有給休暇を消化してしまうと、いざという時や私用目的で休暇を取ることができなくなってしまいます。このような場合に備え、長期休暇の必要性が生じた際には、医療保険制度を活用する方法が有効です。公的医療制度である健康保険に加入している場合は、**傷病手当金**を受け取ることができます。施設の従業員には、このような手当金の存在を知らず、必要以上に有給休暇を取得しようとする者が見られるため、使用者としては手当金に対する正しい理解を深め、制度を整えることが重要です。

　傷病手当金とは、労働者（被保険者）が業務外の病気やケガで働くことができなくなり、その間の賃金を得ることができない場合に、健康保険から支払われる生活保障金のことです。傷病手当金の給付を受けるためには、療養のために働けなくなり、その結果連続して3日以上休んでいたことが要件になります。

　「療養のため」とは、療養の給付を受けたという意味ではなく、自分で病気やケガの療養を行った場合も含みます。「働くことができない」状態とは、病気やケガをする前にやっていた仕事ができないことを指します。軽い仕事だけならできるが以前のような仕事はできないという場合にも、働くことができない状態にあたります。

　傷病手当金の支給を受けるには、連続して3日間仕事を休んだこと

が要件になりますが、この3日間の初日（起算日）は、原則として病気やケガで働けなくなった日です。たとえば就業時間中に病気やケガをした場合は当日が、就業時間後に病気やケガをした場合は翌日が起算日になります。なお、この3日間は必ず連続している必要があり、会社などの公休日や有給休暇も含まれます。

そして、休業して4日目が傷病手当金の支給対象となる初日です。支給額は、1日につき標準報酬日額の3分の2相当額です。ただし、会社などから賃金の一部が支払われたときは、傷病手当金と支払われた賃金との差額が支払われます。

また、傷病手当金の支給期間は1年6か月です。これは、支給を開始した日からの暦日数で数えます。たとえば、4月11日分から傷病手当金が支給される場合であれば、翌年の10月10日までの1年6か月間が最長の支給期間です。1年6か月間のうち、実際に傷病手当金が支給されるのは労務不能による休業が終わるまでの期間となります。

なお、被保険者期間が1年以上あり、会社の退職日に傷病手当金を受給、または受給できる状態である場合は、退職後も受給期間が満了するまで傷病手当金を受けることができます。

■ **傷病手当金の支給期間**

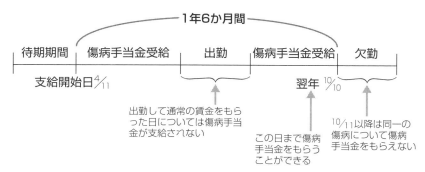

● 高額療養費制度により上限が抑えられる

　健康保険では、病院や診療所で治療を受けた場合、医療費の一部を本人が負担します。しかし、医学の発展に応じた高性能の治療具の開発などにより、長期入院や手術を受けた際の自己負担額が高額になる場合があります。

　このような自己負担額が一定の基準額を超えた場合に給付されるのが**高額療養費**です。高額療養費は、被保険者や被扶養者が同月に同病院で支払った自己負担額が、高額療養費算定基準額（自己負担限度額）を超えた場合、その超えた部分の額が支給されます。

　なお、事前に医療費が高額化することが予想される場合は、「限度額適用認定証」を活用することができます。方法としては、健康保険の保険者（全国健康保険協会または健康保険組合）に対して「限度額適用認定申請書」を提出することで、交付を受けることが可能です。ただし、70歳以上の者は、限度額適用認定証を受ける必要はありません。

　高額療養費算定基準額は、図（次ページ）のように所得に比例して自己負担額が増加するように設定されています。平成27年１月より70歳未満の者の所得区分が３区分から５区分へ細分化されているため、注意が必要です。

　なお、図中の総医療費とは「療養に要した費用」のことで、暦月１か月内（１日～末日）に通院した同じ診療科で支払った医療費の総額です。したがって、たとえ実日数が30日以内でも、２か月にまたがっている場合は合算できません。また、同月に同病院へ通院した場合でも、たとえば内科と外科などのように診療科が異なっている場合は、同じく対象外です。

　そして、同じ診療科でかかった医療費については、入院・通院別に支給の対象になるかを計算していきます。この場合、差額ベッド代や食事療養費、光熱費などは、高額療養費の対象にはならないため注意が必要です。

第３章　従業員を雇った場合の法律知識

高額療養費に該当するかの判断は、領収書に記載されている一部負担額が保険内のものか保険外のものかで行われます。

■ 医療費の自己負担限度額

● 1か月あたりの医療費の自己負担限度額（70歳未満の場合）

所得区分	自己負担限度額	多数該当
標準報酬月額 83万円以上の方	252,600円＋ （総医療費－842,000円）×1%	140,100円
標準報酬月額 53万円～79万円の方	167,400円＋ （総医療費－558,000円）×1%	93,000円
標準報酬月額 28万円～50万円の方	80,100円＋ （総医療費－267,000円）×1%	44,400円
標準報酬月額 26万円以下の方	57,600円	44,400円
低所得者 （被保険者が市町村民税 の非課税者等）	35,400円	24,600円

● 1か月あたりの医療費の自己負担限度額（70～74歳の場合）

被保険者の区分	医療費の負担限度額	
	外来（個人）	外来入院（世帯）
一定以上所得者	44,400円	80,100円＋（総医療費－267,000円）×1% 〈44,400円〉
一般	12,000円	44,400円
低所得者2 （市区町村民税 非課税世帯）	8,000円	24,600円
低所得者1 （所得が一定水準 に満たない者）	8,000円	15,000円

※　一定以上の所得者の同一世帯で1年間に3回以上高額療養費の支給を受けている場合の
　　4回目以降の限度額は、〈　〉内の金額になる

業務中や通勤中の事故について知っておこう

労働災害に対する理解を深め、書類やマニュアルの準備をしておく

● どんな場合が想定されるのか

労働者災害補償保険（労災保険）は、仕事中や通勤途中に発生した労働者のケガ、病気、障害、死亡に対して、迅速で公正な保護をするために必要な保険給付を行うことが主な目的です。その他にも負傷労働者やその遺族の救済を図るためにさまざまな社会復帰促進等事業を行っています。

一般的な従業員であれば、ケガや病気をしたときには、労災保険と健康保険という医療保険制度を利用します。仕事中や通勤中の被害であれば労災保険、業務外での被害であれば健康保険制度を利用して医療費の負担を軽減することができます。

介護業界では、比較的高齢の従業員も多く就労していることから、転倒や無理な力仕事などで負傷をするケースがあります。また、負傷した場合の休業期間も年配の労働者の方が若年世代よりも長めになりがちです。

施設側としては、人員配置や業務内容などを、労働者に無理のない範囲内で検討し、労働災害を防ぐ策をとることが重要になります。

● どのような手続きをするのか

労働災害が発生したときには、本人またはその遺族が労災保険給付を請求します。たとえば、保険給付には傷病（補償）年金のように職権で支給の決定を行うものもありますが、原則として被災者や遺族の請求が必要です。かかった医療機関が労災保険指定病院等の場合には、「療養の給付請求書」を医療機関経由で労働基準監督署長に提出しま

す。その際には、療養費を支払う必要はありません。

　しかし、医療機関が労災保険指定病院等でない場合には、いったん、医療費を立て替えて支払わなければなりません。その後「療養の費用請求書」を直接、労働基準監督署長に提出し、現金給付してもらうことになります。

　被害者などからの請求を受けて支給または不支給の決定をするのは労働基準監督署長です。この決定に不服がある場合には、都道府県労働基準局内の労災保険審査官に審査請求をすることができます。

　審査官の審査結果にさらに不服があるときは厚生労働省内の労働保険審査会に再審査請求ができます。労働保険審査会の裁決にも不服がある場合は、その決定の取消を求めて、裁判所に行政訴訟を起こすことになります。

　なお、労災の保険給付の請求には時効があり、２年以内（障害給付と遺族給付の場合は５年以内）に行わなければなりません。

● 労災事故に備えてマニュアルなどを用意しておく

　労災事故は、いつ何時起こるかわからないものです。したがって、施設側は万が一の時に備え、事前にさまざまな対策をとる必要があります。

　具体的には、労働災害発生時に慌てることがないよう、申請時に必要となる書類や記入例などのマニュアルを事前準備しておくことや、施設近隣の労災指定病院を探し、リストアップしておくことなどが挙げられます。

　また、実際に災害が発生した場合の対応マニュアルの準備も有効です。実際の事態を想定しておくことで、パニックを避けることができます。なお、業務中もしくは通勤中の負傷時には健康保険証の利用ができません。仮に使用してしまうと、後の返還手続きが煩雑となるため、マニュアルに明記しておくことが効果的です。

職員の時間外労働と割増賃金について知っておこう

適切な労働時間管理と時間に応じた賃金支払いが必要である

● サービス残業とは

労働者が勤務時間外に働いている場合で、職場が労働基準法で定められている時間外労働手当を支払わない場合を**サービス残業**または**賃金不払い残業**といいます。

一般的にサービス残業となる場合は、経営者や上司などが自身の強い立場を背景に時間外労働を強制する場合が多く、社会問題となっています。介護業界においては、「深夜や休日に残業をさせておきながら適切な割増賃金を支払わない」といった問題があります。

サービス残業が常態化している職場では長時間労働が蔓延していることが多く、労働者の疲労がたまり、過労死やうつ病などの労災事故が生じる原因になります。

● 介護施設における残業代の支払いをめぐるトラブルと対策

今後も高齢化が進むことが予想されていることから、介護にまつわる施設も増加し続けています。

したがって、より良い条件での待遇を求め、介護に携わる従業員が施設から施設へ転職するケースも想定されます。勤務する従業員に適切な残業代を支払っていなかった場合、それを理由に別の施設へ移ることもあります。その際に、退職した従業員が悪い噂を流した場合、その施設には優良な従業員が集まらなくなり、運営に支障をきたす可能性が生じます。

また、昨今は未払い残業代の訴訟トラブルが増加しており、退職した従業員が残業代の支払いを求めて労働基準監督署やユニオンに駆け

込むケースもあります。適切に賃金が支払われていない事実が判明した場合、高額の賃金支払いが求められる可能性があります。このようなトラブルを防ぐためには、時間外労働や割増賃金についての適切な管理や支払いを都度行っていくことが重要です。

● 施設長などの指示に基づいて残業が行われるようにする

　労働時間と時間外労働手当が一致しない場合の対策として、残業が発生する場合は必ず、施設長や上司の指示に基づくようにすることが大切です。

　実際にルールを定める場合、就業規則や賃金規程を変更することになります。これらの変更を実施する場合、不利益変更にならないように従業員を代表する者から意見を聴かなければなりません。

　反対意見があったとしても就業規則や賃金規程の変更が無効となるわけではありませんが、ここでの話し合いは非常に重要で、今後の従業員のモチベーションにも関わります。

　ただし、介護職などの場合は、相対的に長時間労働となりやすく、反対意見が出ることは少ないと思われます。

● 割増賃金とは

　使用者は、労働基準法37条により、労働者の時間外・深夜・休日労働に対して、通常の労働時間又は労働日の賃金計算額の25％～50％の範囲で、政令で定める割増率を上乗せした割増賃金の支払義務を負うことになっています。

　1日8時間、週40時間の法定労働時間を超えて労働者を働かせた時間外労働の割増率は、25％以上です（月60時間を超える場合には50％以上）。また、午後10時から午前5時までの労働（深夜労働といいます）についても、同様に25％以上となっています。

　時間外労働と深夜労働が重なった場合は2つの割増率を足すことに

なるため、割増率は50％以上です。また、1週1日以上又は4週4日以上と定められている法定休日に労働者を働かせた場合は、休日労働として35％以上の割増率となります。したがって、休日労働と深夜労働が重なった場合、割増率は60％以上と率が高くなっています。

● 時間外労働をさせるための手続きと時間外労働の限度

時間外労働をさせるためには、あらかじめ「時間外・休日労働に関する協定」（三六協定）を締結し、時間外労働時間の上限を設定しなければなりません。この協定を定めていたとしても、1か月あるいは1年以内に時間外労働をさせてよい時間の上限は定められています。これを**時間外労働の限度基準**といい、時間外労働の限度は一般の労働者の場合、「1週間：15時間、2週間：27時間、4週間：43時間、1か月：45時間、2か月：81時間、3か月：120時間、1年間：360時間」と定められています（次ページ図）。

しかし、実際に時間外労働を45時間以下におさえることができない特別な事情がある場合は、「特別条項付き時間外・休日労働に関する協定」を締結して時間外労働時間の上限を設定することで、限度時間を超えて時間外労働をさせることができます。

ただし、1か月60時間を超える時間外労働をさせた場合は50％以上

■ **賃金の割増率**

時間帯	割増率
時間外労働	25％以上
時間外労働（月60時間を超えた場合）	50％以上 ※
休日労働	35％以上
時間外労働が深夜に及んだとき	50％以上
休日労働が深夜に及んだとき	60％以上

※労働時間が1か月60時間を超えた場合に支払われる残業代の割増率については、当分の間、中小企業には適用が猶予される。

の割増賃金を支払わなければなりません。

　また、1か月の時間外労働が60時間未満であっても45時間を超える、つまり「特別条項付き時間外・休日労働に関する協定」を締結して時間外労働をさせる場合は、協定において限度時間を超える時間外労働に係る割増賃金率を定めなければならず、その割増賃金率は25％を超えるように努めなければなりません。

　なお、限度時間を超える時間外労働をできるだけ短くすることも努力義務としています。従わなかったからといって労働基準法上の罰則はありませんが、労働基準監督署よりその是正を求めるなどの必要な助言・指導を受けることになります。

■ **三六協定の締結事項と限度時間**

締結事項
①時間外・休日労働を必要とする具体的事由
②業務の種類
③労働者の数
④延長時間、労働させる休日
⑤有効期間

期　間	1週間	2週間	4週間	1か月	2か月	3か月	1　年
限度時間 (h：時間)	15h	27h	43h	45h	81h	120h	360h

13 シフト制と変形労働時間制について知っておこう

業務の実態に応じた労働時間制をとることが重要である

● シフト制を確立することの重要性

　介護施設には、さまざまな高齢者が利用しています。利用者の状態はさまざまで、時には夜中に介助が必要となるケースが生じることもあります。そのため、施設内の従業員は、24時間体制で施設利用者をサポートしていく必要があります。

　しかし、ただ単に同じ従業員を継続して24時間働かせるということはできません。労働基準法によれば、従業員に労働を従事させる時間は1日8時間と定められています。したがって、使用者側は、24時間を8時間で除した数である3種類の勤務時間帯に分類して従業員を割り振り、業務に従事させなければなりません。これを**三交替勤務制**といいます。

　ただし、三交替勤務制を採用した場合、勤務時間の間に猶予時間がなく、交替勤務を続けた場合の従業員の疲労度が増すというデメリットがあります。また、勤務時間が深夜の場合、公共交通機関が不足し通勤することが困難になる場合もあります。

　そのため、現在の介護業界では、夜勤を行わせる場合は深夜時間帯から早朝まで継続して業務に従事させるという**二交代勤務制**を採用するケースが多くあります。ただし、この制度で夜勤に従事する場合は10時間以上の長時間勤務となるため、従業員の健康状態を常に気にかけ、配慮を行うことが必要不可欠です。

● 宿直、オンコールなどと割増賃金の支払いの有無

　宿直とは、従業員が職場である介護施設に泊まり込むことです。宿

第3章　従業員を雇った場合の法律知識

直については労働基準法による定めがあり、行政の許可を取得することで、宿直中の時間帯を労働時間に参入することを免れることができます。

しかし、たとえ宿直の時間帯でも緊急を要する業務に従事した場合や呼び出しをされた場合などは、労働時間として扱われます。この場合の労働時間の計算は、時間外労働として割増率を乗じて算出します。また、対象となる時間帯が深夜に及ぶ場合は深夜労働、休日に及ぶ場合は休日労働として扱われ、それぞれの率が割増率に加算されます。

一方、**オンコール**とは、緊急の呼び出しに備えて自宅で待機していることをいいます。宿直と同じく労働時間とは扱われないものの、出勤し業務に従事した場合は割増賃金が必要です。いつ呼び出しがあるかわからない状況下では、休日などの場合と比べて落ち着かず、緊張を伴う状態となることが現実です。したがって、オンコール時間帯に対する手当を支給する方法も有効です。

● 変形労働時間制とは

交替勤務制を採用する場合、従業員は1日8時間以内という法定の労働時間を超えて、業務に従事する必要があります。そのため、実際の労働時間に応じた賃金を支払う場合、割増賃金の加算が通常となり、給与計算が非常に複雑なものとなってしまいます。そのため、交替勤務制を採る場合は、変形労働時間制という制度を利用することが通常です。

変形労働時間制とは、一定の期間を通じて、平均して「1週40時間（44時間の特例あり）」の原則を守っていれば、期間内の特定の日や特定の週に「1日8時間、1週40時間」を超えて労働させてもよい、という制度です。労働基準法で認められている変形労働時間制には、次の3種類があります。

① 1か月単位の変形労働時間制

② 1年単位の変形労働時間制
③ 1週間単位の非定型的変形労働時間制

なお、満15歳以上(満15歳になった日以後の最初の3月31日までの者を除く)18歳未満の者を、変形労働時間制によって労働させることは原則としてできません。

● 1か月単位の変形労働時間制を導入するには

1か月単位の変形労働時間制とは、1か月以内の一定期間を平均して1週間の労働時間が40時間を超えなければ、特定された日または週に法定労働時間を超えて労働させることができる制度です。

たとえば、月末月初のみ忙しくなる仕事のように、1か月の中で仕事量に繁閑のある業種や職種に利用できます。

ただし、1か月単位の変形労働時間制をとるためには、労使協定または就業規則その他就業規則に代わるものによって、1か月以内の一定の期間を平均して、1週間あたりの労働時間が法定労働時間を超えない旨の定めをしなければなりません。

具体的には、以下の①～⑤のような事項について、あらかじめ定めておく必要性が生じます。就業規則に規定する場合には「各日の始業・終業時刻」を規定する必要があることに注意が必要です。逆に、労使協定による場合には、その協定の有効期間を定めなければなりません。

また、労使協定による場合は、その協定を事業場の所在地を管轄する労働基準監督署に届け出ることになります。

1か月単位の変形労働時間制の採用にあたっては、1か月単位の変形労働時間制について定めている労使協定または就業規則などに定める事項をよく確認するようにしましょう。

① 1か月以内の一定の期間(変形期間といいます)とその期間の起算日

② 対象労働者の範囲
③ 4変形期間の1週間平均の労働時間が40時間を超えない定め
④ 変形期間の各日、各週の労働時間
⑤ 各日の始業・終業時刻(労使協定による場合は「有効期間の定め」が必要になる)

なお、変形期間について、法定労働時間の総枠を超えて各週の所定労働時間を設定することはできないため、注意が必要です。

● 1か月単位の変形労働時間制と時間外労働

変形労働時間制は、法定労働時間制の変形となるものです。したがって、特定の週、特定の日に「週40時間、1日8時間」を超える労働時間が定められたとしても、超えた部分は時間外労働にはなりません。

時間外労働になるのは、就業規則などに規定された所定労働時間を超える場合、またはその週につき40時間もしくは8時間を超える時間についてです。そのため、すでに時間外労働とされた時間を除いて、変形期間の法定労働時間の総枠を超える時間も時間外労働になります。そして、時間外労働となる労働時間については、当然ながら割増賃金が必要です。なお、1か月単位の変形労働時間制の対象期間は、1か月に限定されることはなく、3週間などの1か月以下の期間であれば認められます。

変形労働期間制における法定労働時間の総枠は、「1週間の法定労働時間×変形期間の日数／7」の数式により求められます。

たとえば、変形期間を1か月としている事業所で、週の法定労働時間が40時間の場合だとします。1か月が30日の月の労働時間の総枠は171.4時間(=40時間×30日÷7)です。

したがって、1か月が31日の月の場合は177.1時間(=40時間×31日÷7)、同じく1か月が28日の月の場合は160時間(=40時間×28日÷7)となります。

出産・育児に関わる休業・休暇について知っておこう

従業員が産前産後も安心して働き続けるための制度が設けられている

● どんな制度があるのか

　介護施設で働く従業員には、世代を問わずさまざまな女性がいます。その中には、妊娠や出産、育児に携わる者が多いことも事実です。

　離職率が高いとされる介護業界では、従業員一人ひとりが非常に重要な存在で、優秀な人材を流出させることは施設にとっても大きな痛手です。したがって、女性の従業員が妊娠、出産を経ても働き続けることができるような制度に対する理解を深め、制度を整えておくことは、施設の運営上、非常に重要です。

　使用者が率先して妊娠、出産、そして育児への理解を示すことが、従業員が安心して働き続ける姿勢につながるのです。

● 妊娠から出産まで

　労働基準法では、母体の心身の健康や育児の環境を整えるために労働環境への配慮をするように求めています。

① **請求があれば軽易業務に転換しなければならない**

　妊娠中の女性が請求した場合、使用者はその女性を現在の業務よりも軽易な業務に転換させなければなりません。たとえば体力を要する業務から、事務仕事へ移すなどの方法が考えられます。

　ただし、施設内に適当な軽易な業務がない場には新たに軽易な業務を作り出す必要はなく、一部の業務を免除するなどの対応で足りるとされています。

② **危険有害業務への就業を制限すべき**

　妊産婦が危険有害業務に就業することによって流産の危険が増し、

第3章　従業員を雇った場合の法律知識

健康回復を害するおそれが高まることから、就業を制限する規定が置かれています。また、産後1年を経過しない女性についても従事させることはできないとされていますが、業務内容によっては女性側からの申し出がなければ従事させることができる場合もあります。

③ 変形労働時間制が制限される

労働基準法では、労働時間を週40時間以内、1日8時間以内と定めていますが、変形労働時間制を導入している事業所もあります。変形労働時間制は一定の期間を通じて、平均して「1週40時間（44時間の特例あり）」の原則を守っていれば、期間内の特定の日や特定の週に、「1日8時間、1週40時間」を超えて労働させてもよいという制度で、1か月単位、1年単位、1週間単位の3種類があります。

妊産婦が請求した場合、これらの制度の規定があっても本来の労働基準法の規定以上の労働をさせることはできないとされています。

④ 保健指導や健診を受ける時間の確保

男女雇用機会均等法では、事業主に対し、雇用している妊産婦が母子保健法の定める保健指導や健康診査を受けるために必要な時間を確保できるような環境を作ることを義務付けています（12条）。

妊婦が受けるべき健康診査の頻度は次の通りです。

・妊娠23週まで → 4週間に1回
・妊娠24〜35週まで → 2週間に1回
・妊娠36週〜出産まで → 1週間に1回

⑤ 産前休業

6週間（双子などの多胎妊娠の場合は14週間）以内に出産することが予定されている女性が休暇を請求した場合、使用者はその者を就業させてはいけません。労働基準法でいう「出産」とは、妊娠4か月以上の分娩を意味するため、4か月以上であれば流産、早産、死産、人工中絶も含まれます。

● 標準報酬日額の3分の2相当額が出産手当金として支給される

出産のために仕事を休んだ場合の賃金の補てんとしての給付を**出産手当金**といいます。

労働基準法では、労働者が出産をするにあたって、産前産後の一定期間、労働をさせることを禁じています。ただ、この期間中の賃金支払いについての規定は特になく、会社側の裁量にまかされているため、中にはこの期間中、賃金が全く得られず生活が不安定になる労働者もいます。このような労働者を援助するため、この制度が設けられています。具体的な内容としては、被保険者が出産のため会社を休み、給料（報酬）を受けられないときは、出産日（出産予定日より遅れた場合は予定日）以前42日（多胎妊娠のときは98日）から出産日後56日までの期間、欠勤1日につき標準報酬日額の3分の2が支給されます。

なお、出産手当金を受けられる日ごとにその翌日から起算して2年で時効となり、請求権がなくなるため注意が必要です。

● 出産後1年までの期間に利用できる制度とは

実際に出産してから産後1年までの期間は、母子共に特に健康への配慮が必要です。1歳に満たない乳児を育てるためには母親である女性労働者が気力・体力共に十分な回復をさせる必要があり、また十分な育児のための時間も取得する必要があります。そのために、産後休業・育児時間・育児休業などの制度が定められています。

① 産後休業

産後休業は出産日の翌日から8週間です。出産後6週間を経過するまでは、女性労働者からの請求の有無にかかわらず休業させる必要があります。ただし、産後6週間を経過した者については、女性が就労したいと請求した場合、医師が支障ないと認めた業務につかせることが認められています。

② 育児時間

育児時間とは、通常の休憩時間の他、1日2回、各最低30分の育児時間を請求することができる制度で、女性が授乳などの世話のために作業から離脱できる時間を法定の休憩時間とは別に与えるものです。生後満1年に満たない子を養育する女性が取得することができます。

なお、1日の労働時間が4時間以内のパートタイマーから育児時間を請求された場合には、1日1回少なくとも30分の育児時間を与えればよいとされています。

③ 育児休業

育児休業は、子育てのために労働者が会社に対して休みが取れることを法的に認めたものです。原則として、労働者であれば1歳未満の子どもを養育している場合、男女を問わず、事業主に申し出ることにより育児休業をすることができます。

育児・介護休業法に基づく育児休業の期間は、原則として、出生から「子どもが1歳に達する日（民法の規定により、1歳の誕生日の前日）まで」の1年です。ただし、保育所に空きがない、などの一定の事情がある場合には、子が1歳6か月に達するまで取得できます。

なお、子どもの母親と父親が共に育児休業をとる場合に、特例として育児休業の対象となる子どもの年齢を1歳2か月までに延長する制度もあります（パパ・ママ育休プラス制度）。

● 育児休業給付金を受けるには

1歳未満の子を養育するために休みを取得できるのが育児休業制度です。育児休業は、男女を問わず取得することができます（子が実子であるか養子であるかは問われません）。

育児休業の取得を希望する者のうち、以下の要件を満たす者が、育児休業給付金の支給対象者となります。

・雇用保険の一般被保険者であること

・育児休業開始日前の2年間に、雇用保険加入日が11日以上ある月が12か月以上あること
・事業主に対して育児休業の開始日と終了日を申し出ていること

ただし、育児休業を開始する時点で育児休業終了後に離職することが決まっている場合は対象になりません。

なお、期間を定めて雇用されている労働者でも、①休業開始時に同じ会社で1年以上雇用が継続している、②原則として子が1歳に達する日を超えて引き続き雇用される見込みがある、という要件を満たす場合は支給対象になります。

● 支給対象期間や支給額について

育児休業給付金の支給対象期間は、産後休業を経過した日の翌日から、子が満1歳となる日（誕生日の前日）の前日までです。

ただし、「パパ・ママ育休プラス制度」を利用して育児休業を取得する場合、一定の要件を満たすことによって子が1歳2か月に達する日の前日までに支給対象期間が延長されます。この場合、支給される育児休業給付金は1年までです。

■ 子育てをする労働者に対する企業側の対応

	内容・企業の対応
育児休業制度	原則として子が1歳になるまで。子の小学校就学まで育児休業に準じる措置についての努力義務
所定労働時間の短縮	子が3歳までは義務、子の小学校就学まで努力義務
所定外労働の制限	子が3歳までは義務、子の小学校就学まで努力義務
子の看護休暇	子の小学校就学まで義務
時間外労働の制限	子の小学校就学まで義務
深夜業の免除	子の小学校就学まで義務
始業時刻変更などの措置	子の小学校就学まで努力義務

支給額は、育児休業開始後180日目までは休業開始時賃金日額の67％、181日目以降は休業開始時賃金日額の50％の金額です。
　なお、休業開始時賃金日額とは、育児休業を始める前の6か月間の賃金を180で割った金額をいいます。

● 1歳以降のサポート制度

　子が1歳を迎えた場合でも、依然として育児のために十分な時間を要することになり、産前のようにフルタイム勤務を行うことが困難となる従業員も多くいます。このような事態に備え、次のような1歳以降の子を持つ従業員に対するサポート制度が設けられています。

① **子が3歳到達までの期間の労働時間の配慮**

　事業主は、3歳までの子を持つ労働者に対して、仕事と子育てが両立できるような次の措置をとることが義務付けられています。

㈅　短時間勤務制度（1日あたり原則6時間勤務）

㈆　所定外労働（残業など）の免除

㈇　法定時間外労働の制限

㈈　看護休暇

㈉　深夜業の制限

② **看護休暇**

　看護休暇とは、小学校就学前の子を養育する労働者が申し出ることで、1年度につき5日（小学校就学前の子が2人以上いる場合には10日）を限度に、病気やケガの子の世話のために取得できる制度です。

　子の看護には、予防接種や健康診断も含まれています。事業主は看護休暇の申し出を拒絶できず、年次有給休暇で代替させることもできません。

　なお、育児時間は看護休暇と異なり、女性のみが取得することのできる権利です。

介護に関わる休業・休暇について知っておこう

家族の介護をする労働者のサポート制度

● 介護休業とは

介護休業は、ケガや病気、加齢などの事情で2週間以上要介護状態にある対象家族を介護する労働者が取得できます。対象家族は、配偶者または事実婚関係者、父母および子、養父母、養子、配偶者の父母、労働者が同居し扶養している祖父母、兄弟姉妹および孫です。

事業主には休業期間中の賃金支払義務はありませんが、申し出を受けた場合は原則として拒否や期間の変更ができず、介護休業の取得を理由とした不利益な扱いをすることも禁じられています。

介護休業の申し出は、対象家族1人につき、要介護状態に至るごとに93日まで3回を限度とする分割取得ができます。ただし、同じ対象家族でも別要素で要介護認定を受けた場合は再取得が可能です。

いったん介護休業を申し出た場合でも、介護休業開始予定日の前日までは休業の申し出を撤回することができます。撤回後の取扱いは、最初の1回は同じ対象家族についての介護休業の申し出が可能な一方、再度撤回した上での申し出の場合は、事業主に拒否する権限が認められています。また、終了予定日の繰下げも1回のみ認められています。

● 介護休業給付金とは

介護休業給付金は、介護休業中の経済的負担を軽減するための給付です。雇用保険の被保険者で休業開始日前の2年間に勤務日が11日以上ある月が12か月以上ある労働者が、事業主に対して介護休業の開始日・終了日を申し出た場合に支給対象になります。また、期間雇用者でも休業開始時に同会社で1年以上の継続雇用があり、休業予定日か

ら93日を超えて雇用継続される見込みがあれば支給対象です。

　介護休業給付金の支給対象期間は、家族１人につき休業開始日から最長３か月（93日）間です。原則は１人の介護につき１回の受給ですが、１回目の休業終了日が３か月（93日）の期間より早い場合、１回目と合算して93日目になるまでは２回目以降も介護休業給付を受給できます。支給額は、原則として休業開始時賃金日額（介護休業開始前の６か月間の賃金÷180）の40％ですが、平成28年８月以降より67％に引き上げられます。介護休業給付金の支給期間中に事業主から賃金が支払われている場合は、支給額が変わります。

● 介護休暇とは

　介護休暇は、１年度につき要介護状態の対象家族が１人であれば５日間、２人以上であれば10日間、半日単位で取得できます。介護休業は取得の回数が限られており、長期間の介護が必要な場合に限定されがちですが、介護休暇であればヘルパーが急用の場合など、短期間の

■ 介護休業のしくみ

内容	労働者が、要介護状態にある家族を介護することが必要な場合に、事業主に申し出ることによって休業期間を得ることができる制度
取得対象者	２週間以上にわたって常時介護を必要とする「要介護状態」にある対象家族を介護する労働者
取得できない労働者	・日雇労働者は取得できない ・継続して雇用された期間が１年未満の者、介護休業の申し出後93日以内に雇用関係が終了することが明らかな者、１週間の所定労働日数が２日以下の者は労使協定で対象外にできる
取得手続き	原則として、休業開始予定日の２週間前の日までに申し出る
取得回数	原則として対象家族１人につき、要介護状態に至るごとに93日まで３回を限度とする分割取得ができる

介護が必要になったときも休暇を取得することができます。

介護休暇を取得できるのは、要介護状態にある対象家族を介護もしくは世話する労働者です。「世話」には、通院の付き添いや対象家族が受ける介護サービスに必要な手続きの代行などが含まれます。

● 介護のための労働時間の配慮

要介護状態にある対象家族を介護している労働者は、フルタイム勤務を続けることが難しいケースがあります。そのため、以下のような勤務時間の制限が設けられています。労働者が請求した場合、事業者は、事業の正常な運営を妨げる場合を除き、拒否できません。また、労働者がこれらの申し出や取得をしたことを理由に解雇その他不利益な取扱いをすることは認められません。

・時間の制限（1か月に24時間、1年に150時間超の労働で、1回の請求につき1か月以上1年以内）
・深夜業の制限（1回の請求につき1か月以上6か月以内）

さらに、法改正により平成28年4月以降は、対象労働者の所定外労

■ 介護のための勤務時間短縮措置

所定労働の制限	要介護状態にある対象家族を介護している労働者が請求した場合、事業者は、事業の正常な運営を妨げる場合を除き、制限時間を超えて労働時間を延長することができない
深夜業の制限	要介護状態にある対象家族を介護している労働者が請求した場合、事業者は、事業の正常な運営を妨げる場合を除き、深夜業（午後10時から午前5時までの労働）をさせることはできない
勤務時間短縮措置の導入	・連続する93日以上の期間について、労働者が就業しつつ対象家族を介護することが容易になるような勤務時間措置をとらなければならない ・家族が要介護状態になくても、家族を介護する労働者について勤務時間短縮措置を採るように努力しなければならない

働の免除制度や、勤務時間の短縮措置を3年間で2回以上に緩和する制度が創設されました。これは、介護をしながら働く労働者に配慮するための改正ですが、その一方で時間を短縮して働く労働者が増加した場合、人員基準上の問題が発生することも事実なので、事業者は留意する必要があります。

なお、制限の期間は、①制限期間の終了日、②対象家族の死亡または親族関係の消滅、③労働者自身のケガや病気により、介護ができない場合、④労働者自身が産前産後休業、育児休業、介護休業を取得した場合、に終了します。また、事業主が要介護状態の対象家族を介護する労働者に対して転勤命令などをする場合は、転勤による影響を考慮し、短時間勤務制度やフレックスタイム制度、時差出勤制度、労働者に変わる介護サービスに必要な費用の助成などの配慮を行わなければなりません。

● 施設側の配慮も必要

介護業界は、常に人手不足にさらされている業種です。そのため、どの施設においても激務にさらされている従業員が多くいます。そのような中、従業員に介護休業を認めた場合、さらに残った従業員に負担がかかってしまう、という問題が生じます。中には、仕事を続けていくことが困難となり、離職する介護スタッフも見受けられ、社会問題となっています。

このような介護離職を防ぐための対策は、いずれの介護施設においても重要な課題となっています。介護と仕事の両立が可能な体制を確立させることにより、施設側は優秀な人材の流出を防ぐことができます。国の方針としても、介護と仕事の両立を促進しており、そのための法改正も随時行われているため、法改正を活用して快適な職場づくりを行うことが最も重要だといえます。

16 施設のメンタルヘルス対策について知っておこう

チームワークが必要な介護施設では職員のメンタルヘルスに注意が必要

● 使用者にはメンタルヘルスに対する安全配慮義務がある

昨今は、メンタルヘルスに不調をきたす労働者が増加しており、問題視されています。

長時間労働や施設の人間関係問題を原因として、職員が精神的に不健康な状態に陥った場合、何らかの身体的症状が現れる可能性があります。たとえば、自殺などの危険性やだるさ、無気力などの症状により日常生活や会社の業務に支障をきたした職員がいる場合、職員自身に加え周囲の人にも何らかの影響を及ぼします。

使用者である介護施設は、事故や過労死などを招かないように職場環境や労働条件などを整備し、職員が精神疾患を発症しないようメンタルヘルス対策を講じ、安全に配慮する義務があります。

こうした事態を受けて、厚生労働省では「労働者の心の健康の保持増進のための指針」を策定し、労働者の健康を守るための措置として、メンタルヘルス対策の実施手順について定めています。

● メンタルヘルス対策の必要性

職員の「身体面の健康管理」と同様に、職員の「精神（心）の健康を保つ」ためのケアも、今や施設にとって必須の業務となっています。

まずは、心の病をわずらう労働者を実際に出さないよう、未然に防ぐ対策をとることが何よりも大切なことです。メンタルヘルスの重要性が取りざたされる中、近年では産業カウンセラーなどの職場の心の問題に取り組む専門機関が増加しています。場合によっては施設外の機関にアドバイスを求めることも効果的です。

また、メンタルヘルス・マネジメント検定試験など、職員が安心して働けるようにメンタルヘルス不調者を防ぐための対処方法を得ることができる資格もあります。施設内でこのような資格の取得を促し、講習会を開催することも有効な手段のひとつです。

　実際に施設の職員が心の病と判断された場合は、休職させて十分に休養を取らせることが第一の手段です。同時に、専門医師によるカウンセリングや適切な投薬などの治療に専念してもらいます。そして、回復後に業務復帰する際も注意が必要です。特にメンタルヘルスの不調の場合は、再発の可能性が十分に考えられます。そのため、リハビリ期間を設けるなどで段階を踏み、職場復帰できるよう、配慮することが必要です。

　また、精神障害等の労災認定や、専門機関と提携して社員をケアする体制を整えるなど、会社内の安全衛生管理に関する規程を整備しておくことも重要です。

　労働基準法や労働安全衛生法などの法律や指針などにも目を通し、いざという場合に法的責任を追及されないよう、会社としての責任を果たすことは当然の義務となります。

■ **メンタルヘルスをめぐるさまざまな法律・指針**

- 労働基準法
- 労働安全衛生法
- 労働者災害補償保険法（労災保険）
- 労働者の心の健康の保持増進のための指針
- 心の健康問題により休業した労働者の職場復帰支援の手引き　など

施　設

企業は法令や指針の規定を遵守して雇用環境を整備しなければならない

施設職員

メンタルヘルス対策をする上で大切なこと

施設が職員のためのメンタルヘルス対策のための計画を立てて実際に実行する場合、主に次のような点を念頭に置く必要があります。

① メンタルヘルスの特性

職員が心の健康を害する要因には、さまざまなものがあります。同じ職場環境下であっても、本人の性格やプライベートの状況などの影響で、発症の有無については個人差があります。

また、発症した場合の症状にも個人差があり、治癒までの過程も千差万別です。中には、突然症状が現れたように見えるものの、実は長い時間をかけて負荷がかかり続けていた、というケースも見受けられます。この場合は特に原因が把握しにくい特性があります。

問題があっても周囲がなかなか気づくことができず、本人もある程度自覚はありながら積極的に治療しないというケースも多いため、定期的なチェックが望ましいといえます。

② 職員のプライバシー保護

メンタルヘルス対策は、職員の心という最もプライベートな部分に踏み込む行為です。その情報が確実に保護されるという保証がなければ、職員は相談や情報の提供を躊躇してしまいます。

情報を漏らさない、必要なこと以外には使用しない、使用にあたっては本人や医師などの同意を得るなど、プライバシー保護に関して細心の注意を払うことが重要です。

③ 人事労務管理との協力

施設におけるメンタルヘルスの問題は、労働時間や業務内容、配属・異動といった人事労務の部分が密接に関係する場合が多くあります。

相談窓口を設けることや、個人情報の保護に配慮するなどの対策を講じたところで、人事労務部門との連携が不十分であれば、その対策の効果が半減します。メンタルヘルス対策には、施設内のあらゆる部署の人々が協力して取り組んでいけるような体制を整える必要があり

ます。

● 過重労働による健康障害の防止のための措置

　心の健康を損ねる大きな原因の一つに「過重労働による蓄積疲労」があります。

　時間外や休日に勤務し、休養を取らずにいると、心身の疲労を回復する時間がとりづらくなります。それが積み重なることによって、職員の脳や心臓疾患の危険性が増すだけでなく、精神的なバランスも崩してしまいます。このような事態を受けて、厚生労働省では**「過重労働による健康障害防止のための総合対策」**を策定し、施設側が講じるべき措置を示しています。

● 介護現場ではどんな点が問題になるのか

　介護施設は職員のメンタルヘルスに注意を配る必要があります。これは、職員自身にとっても重要であると共に、介護業務にとっても、職員1人のメンタルヘルスに支障があることは、非常に重大な問題です。

　なぜなら、介護事業は、一般にチームワークが重要になるためです。職員それぞれは、お互いに代わりのきく人材ではなく、それぞれの職員が与えられた職務を適切にこなすことで、利用者にとって快適な施設の運営を可能にしています。したがって、介護職員の中にメンタルヘルスに問題を抱えた職員を発見した場合には、速やかに改善へ向けた処置をとる必要があります。

　また、介護施設は夜間勤務があります。したがって、他の業種に比べて、不規則な勤務形態にならざるを得ないことから、職員のメンタルヘルスに影響をもたらしやすい職場環境であるといえます。このような介護施設特有の職場環境も考慮に入れた上で、職員のメンタルヘルスに注意を払う必要があります。

職員のケアをどのように行えばよいのか

不規則な職場環境に応じて適切なケアを行う必要がある

● どんな内容なのか

　職員のメンタルヘルスを守るために重要なガイドラインとなっているのは、厚生労働省が公表している「**労働者の心の健康の保持増進のための指針**」です。

　この指針は、職場において介護施設が行うべきである職員の心の健康を守るための措置について定めています。メンタルヘルスに対する基本的な考え方として、健康情報を含む労働者の個人情報に配慮することが必要であること、心の健康は労働環境と関係して生じているので人事労務管理と連携して問題の解決にあたること、職場だけでなく家庭においてストレスにさらされさまざまな要因が複合して労働者の心の健康問題を生じている可能性があること、などが示されています。

　ガイドラインでは、メンタルヘルスをケアするために、①セルフケア、②ラインによるケア、③事業場内産業保健スタッフなどによるケア、④事業場外資源によるケアという4つの方法が示されています。

　まず、**セルフケア**とは、職員自身がストレスや心の健康について理解し、自らのストレスを予防・軽減するというメンタルヘルスケアの方法のことをいいます。次に、**ラインによるケア**とは、職員と日常的に接する他の職員などが、心の健康に関して職場の環境を改善したり職員との相談に応じることで行うメンタルヘルスケアのことをいいます。

　また、**事業場内産業保健スタッフなどによるケア**とは、施設内の産業医などが、職場における心の健康づくり対策の提言を行い、職員を支援することで行うメンタルヘルスケアのことをいいます。そして、**事業場外の外資源によるケア**とは、外部の機関や専門家を活用し、そ

の支援を受けることで行うメンタルヘルスケアのことをいいます。

● どのように取り組んでいったらよいのか

　介護施設がメンタルヘルスの問題に取り組む際には、何をどのように進めていくのか、どの範囲まで施設が関わる必要があるのかといったことが問題になります。施設内で起こる突発的な事故や中皮腫をはじめとする職業病など、身体的なケガや病気と違い、メンタルヘルスは発症の原因が多岐にわたるため、明確な対策が立てにくいという特徴があります。そのような現状をふまえ、厚生労働省は、ガイドラインの中で、メンタルヘルス対策を行う際には、まず各施設における労働安全衛生に関する計画の中に、施設ごとの実態を考慮して策定した「心の健康づくり計画」を位置付けることが望ましいと示唆しています。

　一口にメンタルヘルスと言っても、各事業所が問題視しているポイントはそれぞれ違います。特に介護施設は、交替制の現場であり、必ずしも整理が行き届いていない職場環境であり、比較的、固定された人間関係の中で業務を行う職場だといえます。また、夜勤回数が他の職場よりも多く、離職・転職が著しい現実があるという、他の職種とは異なる特色を持っています。そのため、外部との接触が少なく、ストレスがたまりやすい職場ではストレス軽減のための予防対策に重点を置く必要があります。また、すでに心の健康を害して休職している人が多く出ている場合には、予防だけでなく復職後の対応が問題になります。何よりもまず各施設の現状を正確に把握することが重要になるといえるでしょう。

● いろいろなケアの仕方がある

　具体的なメンタルヘルスケアの方法としては、前述のガイドラインに掲げられている4つの方法に従って、以下のようにまとめることが

できます。
① セルフケア
　職員自身が行うメンタルヘルスケアです。ストレスや心の健康についての理解を深め、自らストレスや心の問題を抱えていることに気づくこと、気づいた際にどのような対処方法があるかを知ることなどがその内容となります。介護施設は、研修の機会を設けるなど、労働者がセルフケアをすることができるように支援する必要があります。
② ラインによるケア
　管理指導者が行うメンタルヘルスケアです。職員の労働条件や職場環境などをチェックし、過重なストレスがかかっている場合などには改善を進めていきます。また、何らかの問題を抱えた職員の相談を受ける窓口としての役割を担うことも求められます。施設は、管理指導者がこのようなケアを実施することができるよう、教育する必要があります。
　不規則な交代制勤務や専門職であるにもかかわらず低賃金であること、認知症の利用者のケアにおける負担など、介護職員は強いストレスにさらされることが多いようです。ストレスが原因で、介護ケアの質が低下してしまい、利用者との間でトラブルが起こる原因にもなりかねません。職場の人間関係を改善したり、労働環境をよりよく整備していくことが、職員のストレス軽減のための最善の方法です。そこで、介護職においては、ラインケアが特に有効であり、中でも職員のことを一番に把握している介護リーダーの役割が非常に重要になっています。介護リーダーが職員と一緒に、職場環境や業務内容における問題を検討し、施設全体としての解決策を探るきっかけづくりを行うことで、介護職におけるメンタルヘルスの改善につなげていく姿勢が大切です。
③ 事業所内のスタッフなどによるケア
　事業所内に設置した専門スタッフによるメンタルヘルスケアです。

専門的な立場から助言・指導などを行う産業医や衛生管理者、保健師、心の健康づくり専門スタッフ（産業カウンセラー、臨床心理士、心療内科医など）などが相談を受け付ける他、セルフケアやラインによるケアなどが効果的に行われるよう、支援する役割を担います。介護施設は、実情に応じて必要な専門スタッフを配置する必要があります。

④ **事業所外の専門機関等によるケア**

施設内に専門スタッフを配置できない場合やより専門的な知識を必要とする場合には、施設外の専門機関を活用してメンタルヘルスケアを行うのも一つの方法です。

主な専門機関としては、メンタルヘルス対策支援センターなどの公的機関の他、民間の専門医療機関などがあります。

● メンタルヘルス対策をする上で大切なこと

計画を立て、実際にメンタルヘルス対策を実行していく際には、次のような点を念頭に置いておく必要があります。

① **メンタルヘルスの特性**

人が心の健康を害する要因はさまざまです。同じ職場環境下に置かれても、本人の性格的なことやプライベートの状況などによって発症する人もいればしない人もいます。症状にも個人差がありますし、治癒までの過程も千差万別です。また、突然症状が現れたように見えても、実は長い時間をかけて負荷がかかり続けていたという場合も多く、原因が把握しにくいという特性があります。問題があっても周囲がなかなか気づくことができず、本人もある程度自覚はありながら積極的に治療しないというケースも多いので、定期的なチェックが望ましいと言えるでしょう。

② **職員のプライバシー保護**

メンタルヘルス対策は、職員の心という最もプライベートな部分に踏み込む行為です。その情報が確実に保護されるという保証がなけれ

ば、労働者は相談したり、情報を提供すること自体、躊躇してしまいます。情報を漏らさない、必要なこと以外には使用しない、使用にあたっては本人や医師などの同意を得るなど、プライバシー保護に関して細心の注意を払うことが重要です。

③ 　人事労務管理との協力

　介護施設におけるメンタルヘルスの問題は、就業時間や業務内容、配属・異動といった人事労務の部分が密接に関係してきます。相談窓口を設けたり、個人情報の保護に配慮するなどの対策を講じても、人事労務部門との連携が不十分であれば、その対策の効果が半減してしまいますので、協力してメンタルヘルス対策に取り組んでいく体制を整える必要があります。

予防から再発防止まで

　メンタルヘルス対策には、①発症そのものを予防する対策、②発症を早期発見・早期治療する対策、③治療後の再発を予防する対策という3つの段階があります。この3つの段階は、それぞれ1次予防、2次予防、3次予防などと呼ばれています。具体的な内容としては、下図のようなものが挙げられます。

■ 予防から再発防止までの予防対策

1次予防	2次予防	3次予防
メンタルヘルスに関する啓発・研修実施や、職場の状況を調査し、過度なストレスが確認できた場合の組織変更や勤務体制の変更を行う	セルフチェックや管理者によるチェックや、必要に応じた専門家によるケアを行う	治療を受けるための体制を整えたり、復職の際のフォロー体制を構築し、再発防止に努める

18 職場復帰について知っておこう

段階的なステップを踏んで本格的な復帰をめざす

● 5つのステップがある

　休職した職員がどのような流れで職場に復帰するかについては、厚生労働省が発表している**「心の健康問題により休業した労働者の職場復帰支援の手引き」**が参考になります。この手引きでは、休職から復職に至るまでの流れを5つのステップに分けて説明しています。

ステップ1　病気休業開始及び休業中のケア
　この段階でまず必要なことは、職員による診断書の提出です。病気により休業する場合には、主治医によって作成された診断書を職員から提出してもらいます。診断書には病気休業を必要とする旨と、職場復帰の準備を計画的に行えるよう必要な療養期間の見込みについて記載します。また、事業場内の保健スタッフ等によるケアも行います。保健スタッフは、職員の休業中の事務手続きなどを行います。

ステップ2　主治医による職場復帰可能の判断
　職員から職場復帰の意思が伝えられると、介護施設は職員に対して主治医による職場復帰可能の判断が記された診断書を提出するよう伝えます。診断書には主治医の具体的な意見を記載してもらいます。

ステップ3　職場復帰の可否の判断及び職場復帰支援プランの作成
　スムーズな職場復帰のためには、必要な情報の収集と評価を行った上で職場復帰の可否を適切に判断し、職場復帰を支援するための具体的プランを準備しておくことが必要です。

ステップ4　最終的な職場復帰の決定
　職場復帰の可否についての判断と職場復帰支援プランの作成を経て、事業者が最終的な職場復帰の決定を行います。この際、産業医（企業

の内部で労働者の健康管理を行う医師)が選任されている事業場では、産業医の意見を参考にしながら、労働者の職場復帰のための手続きを進めていきます。

ステップ5　職場復帰後のフォローアップ

心の健康問題にはいろいろな要因が重なり合っていることが多いため、たとえ周到に職場復帰の準備を行ったとしても、実際にはさまざまな事情から当初の計画通りに職場復帰が進まないことがあります。そのため職員の職場復帰支援においては、職場復帰後の経過観察と臨機応変にプランの見直しを行うことが必要です。

以上の流れに沿って職場復帰を支援するためには、介護施設と職員が連絡を密にとり、現状把握に努めることはもちろん、産業医や専門医など医療関係者とのネットワークを確立すること、職場の上司や同僚に理解を求めることなどが必要になります。ただし、個人情報の保護には十分に配慮するようにしましょう。

なお、特に長期間のブランク期間があるような場合には、いきなり介護の仕事をうまく処理できるのか不安に感じる職員も多いと考えられます。たとえば、メンタルヘルスに関わる復職はできても、職場でいきなり介護の仕事をフォローなしでまかせられるようでは、再び症状が悪化するおそれがあります。そこで、復帰後の職場・配置換え、交替制の場合の勤務時間見直しなどの勤務時間の短縮を検討します。特に体力が必要な職務を担当していたような場合には、担当する職務の内容を軽減する、または、就業時間を短縮するなどによって、復帰した職員を支えながら、少しづつ完全復帰へ向けた準備を進めて行くとよいでしょう。

● ステップごとにしておくべきこと

ステップ1では、病気による休業開始時・休業中に行われるケアの段階ですので、職員が病気休業期間中に、安心して療養に専念できる

ような体制を作ることが、介護施設側に求められます。

　ステップ2は、主治医による職場復帰可能の判断の段階ですが、一般に、産業医等による精査の結果と、職員の主治医が行った判断の両者を職場復帰の可否の判断材料として、そろえる必要があります。

　また、第3ステップは、職場復帰が可能であると判断されると、職場復帰支援プランを作成することになりますが、職員の過度な負担にならないよう、職務内容等を調整する必要があります。

　そして、第4ステップでは、最終的な職場復帰の決定の段階ですが、必要に応じて、試験的な出勤などを経て、復帰が本当に可能であるのかを確かめることができます。

　さらに、ステップ5では、職場復帰後のフォローアップを行いますが、ステップ4よりもより具体的に職員の状態に応じて、精神的・肉体的に負担の大きな業務の回避などの調整を行う必要があります。場合によっては、就業時間を短縮するなどによって対応する必要がある場合もあります。

■ 復帰支援の流れと各段階で行われること

① 病気休業開始及び休業中のケア
　→労働者からの診断書の提出や管理監督者によるケアなど

② 主治医による職場復帰可能の判断
　→産業医などによる精査や主治医への情報提供など

③ 職場復帰の可否の判断及び職場復帰支援プランの作成
　→情報の収集、職場復帰の可否についての判断及び職場復帰支援プランの作成

④ 最終的な職場復帰の決定
　→休職していた労働者の状態の最終確認など

⑤ 職場復帰後のフォローアップ
　→職場復帰支援プランの実施状況の確認や治療状況の確認など

19 ストレスチェック制度について知っておこう

50人以上が従事する施設では実施が義務付けられる

● ストレスチェックの義務化と活用法

　近年、仕事や職場に対する強い不安・悩み・ストレスを感じている労働者の割合が高くなりつつあることが問題視されています。これに伴い、仕事による心理的な負担によって精神障害を発症するケースや、最悪な場合は自殺するケースなどがあり、労災の認定が行われる事案も増えています。

　こうした状況を受けて、労働安全衛生法が改正され、平成27年12月より「職場におけるストレスチェック（労働者の業務上の心理的負担の程度を把握するための検査）の義務化（当面は、従業員50名以下の事業所は努力義務）」が実現しました。

● ストレスチェックとは

　ストレスチェックとは、いわば定期健康診断のメンタル版で、施設側が労働者のストレス状況を把握することと、労働者側が自身のストレス状況を見直すことができる効果があります。

　具体的には、労働者にかかるストレスの状態を把握するため、アンケート形式の調査票に対する回答を求めます。内容は、仕事状況や職場の雰囲気、自身の状態や同僚・上司のコミュニケーション具合など、さまざまな観点の質問が設けられています。ストレスチェックで使用する具体的な内容は、施設側が自由に決定できますが、厚生労働省のホームページから「標準的な調査票」を取得することも可能です。

　職場におけるストレスの状況は、職場環境に加え個人的な事情や健康など、さまざまな要因によって常に変化します。そのため、ストレ

スチェックは年に一度以上の定期的な実施が求められています。まずは、平成28年11月末までに第1回目のストレスチェックを実施しなければなりません。

なお、ストレスチェックの実施についての罰則規定はないものの、労働基準監督署に「検査結果等報告書」を提出しなかった場合は罰則規定の対象となります。ただし、50人未満の会社の場合は報告書の提出義務や罰則は設けられていません。

● ストレスチェックの対象となるのは

ストレスチェックの対象は労働者が常時50人以上いる事業所で、年に1回以上の実施が求められています。その上で、「検査結果等報告書」を労働基準監督署長へ提出する必要があります。報告書へは、検査の実施者が面接指導の実施医師、検査や面接指導を受けた労働者の数などを記載します。

なお、対象となる労働者は常時雇用される労働者で、一般健康診断の対象者と同じで、通常の4分の3以上の労働時間で働くスタッフも対象です。ただし、派遣労働者の場合は、所属する派遣元で実施されるストレスェックの対象になります。

● ストレスチェックは労働者の義務なのか

ストレスチェックを受けることは労働者の義務ではありません。労働者にストレスチェックを強要することはできず、拒否する権利が認められています。しかし、ストレスチェックはメンタルヘルスの不調者を防ぐための防止措置であるため、施設側は拒否をする労働者に対して、ストレスチェックによる効果や重要性について説明した上で、受診を勧めることができます。

なお、ストレスチェックを拒否した労働者に対して、会社側は不当な解雇や減給などの不利益な取扱いを行ってはいけません。

● ストレスチェック実施時の主な流れとは

　ストレスチェックについては、厚生労働省によりさまざまなルールが設けられています。

　ストレスチェックを実際に実施する場合の具体的な流れについては、主に以下のように定められています。

① 事業者は医師、保健師その他の厚生労働省令で定める者（以下「医師」という）による心理的負担の程度を把握するための検査（ストレスチェック）を行わなければならない。

② 事業者はストレスチェックを受けた労働者に対して、医師からのストレスチェックの結果を通知する。なお、医師は、労働者の同意なしでストレスチェックの結果を事業者に提供してはならない。

③ ストレスチェックを受けて医師の面接指導を希望する労働者に対して、面接指導を行わなければならない。この場合、事業者は当該申し出を理由に労働者に不利益な取扱いをしてはならない。

④ 事業者は面接指導の結果を記録しておかなければならない。

⑤ 事業者は、面接指導の結果に基づき労働者の健康を保持するために必要な措置について、医師の意見を聴かなければならない。

⑥ 医師の意見を勘案（考慮）し、必要があると認める場合は、事業者は就業場所の変更・作業の転換・労働時間の短縮・深夜業の回数の減少などの措置を講ずる他、医師の意見の衛生委員会等への報告その他の適切な措置を講じなければならない。

⑦ ストレスチェック、面接指導の従事者は、その実施に関して知った労働者の秘密を漏らしてはならない。

　会社では、前述のように定められたルールに沿ってストレスチェックの実施を行うことが求められています。

　これまでにメンタルヘルス疾患や過重労働についての対策をとっていた会社の場合も、これまで以上に体系的な従業員へのストレス状況への対応が求められることになります。

● 介護職員のストレスチェックを行う場合の注意点

　特に規模の大きい介護施設では、ストレスチェックの実施が義務付けられた50人以上の従業員が業務に従事しています。

　介護施設には、通常の会社のような部や課などの組織が設けられていないケースが通常です。したがって、このような施設で実際にストレスチェックを行う場合は、業務を行うフロアや業務の内容が同じグループごとに実施をしていきます。たとえば、実際に介護サービスを提供する介護職や看護師、ケアプランを作成するケアマネジャー、契約や管理、施設の用具の購入に携わる営業スタッフ、総務や経理を行う事務スタッフなどに分類されます。

　ただし、ストレスチェックの実施は、各従業員のプライバシーに配慮した方法で行う必要があります。したがって、単位が少数のグループの場合は、評価の平均の値を算出するなどで、特定の人物が想定されないような方法をとることが有効です。

■ ストレスチェックの流れ

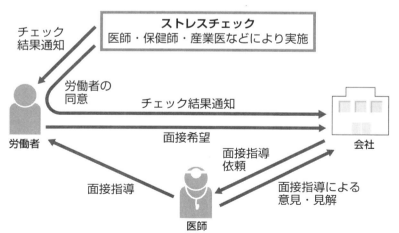

退職について知っておこう

後のトラブルを防ぐための対処法が必要になる

● 退職の手続き

　介護職は、気力・体力を要し、夜勤などの場合は拘束される時間が長いため、他の業種と比べて離職率が高いことが現在も問題視されています。離職の理由には、家庭の事情や別の介護施設への転職など、さまざまな内容が挙げられます。また、介護施設によっては就業規則等で定められている内容と勤務実態が異なるケースもあり、物理的に従業員の就労が困難となる場合もあります。

　人の出入りが多い業界であるからこそ、「またか」とあきらめの方向に向かうことはせず、退職者の退職経緯を業務内容の問題提起につなげ、今後の経営につなげていく方法をとることが重要です。

　また、遠方の取引先と関係を持つ会社などとは異なり、介護施設はその近隣の住民が入所する場合や職員として採用されるケースが多く、地域に根付いた業種だといえます。そのため、施設側に不備や不手際が生じた場合、噂が広がり業務に支障が出るケースがあります。そのため、退職者が発生した場合も怨恨を残すような方法はとらず、「円満退職」を心がけた対応をとる方が今後のためにも有効だといえるでしょう。

● 事務処理上気をつけること

　実際に「辞めたい」という従業員が発生した場合、まずは退職届の提出を求めることが重要です。法律では、退職の意思は口頭で行えば足りるとされていますが、口頭の場合は後に「言った言わない」の押し問答になりやすく、また賃金の計算や有給休暇のカウント、保険の

喪失手続きなどの際に揉め事が起こる可能性があります。

このようなトラブルを防ぐため、必ず退職日の日付を入れた退職届を提出させる必要があります。また、退職の理由についても入念に確認し、書面として残すことで、手続きがよりスムーズになります。

施設側が行う退職時に必要となる手続きには、所得税や住民税などの税金に関する手続きや、社会保険に関する手続きがあります。「〇日以内に届け出る」といった期限が設けられている届出もあるため、退職者の発生時には迅速に行う必要があります。手続きもれがないよう、退職時のマニュアルを作成する方法も効果的です。

また、特に社会保険の場合は、退職後の進路により適切な加入先が異なるため、各加入先の案内を退職者に対して行います。たとえば、健康保険の場合は、これまで加入していた健康保険に任意継続する場合や国民健康保険、または家族の扶養に入る方法などが挙げられます。

● 突然出社しなくなった社員がいた場合

介護職員が、ある日突然、無断欠勤を繰り返し、連絡を取ることもできなくなってしまうという場合には、どのように対応するべきなのでしょうか。介護施設としては、まずは繰り返し、職員と連絡を取ることを試みて、職員の状況を確認する必要があります。具体的には、職員の自宅を訪問する・手紙を送る・身元保証人に連絡するなど、さまざまな方法で連絡に努めましょう。また、人間関係のトラブルが生じやすい介護施設では、日頃から職員の様子に注意しましょう。

特に、介護施設が注意するべきなのは、無断欠勤等が長期間におよぶと、月末にかけて給与の支払いや社会保険料の負担に関する問題が生じます。そこで、就業規則において、たとえば無断欠勤が2週間以上続く場合には、職員が退職扱いにする旨を入れておくことで、社会保険料の問題に対して備えておく必要があります。

● 退職者の年次有給休暇について

　退職者にまだ取得していない有給休暇がある場合は注意が必要です。労働基準法によれば、労働者が有給休暇の取得を申し出た場合は、使用者はこれを拒否することができないとされています。したがって、退職者が「退職日までの間を有給休暇として扱って欲しい」と申し出てきた場合は、施設側はこれを容認する必要があります。

　ただし、勤務日以外の日を有給休暇として扱うことはできないため、実際に退職するまでの日数を超えた有給休暇を保有した退職者がすべての有給休暇の消化を求めた場合は、施設側は退職日を後ろにずらす方法や、労使の合意により有給休暇を買い上げる方法をとります。

　有給休暇の買上げについての法律の定めは特に設けられていないため、実施する場合は後にもめる可能性を防ぐために書面による合意書を作成する方法が有効です。

● 引継ぎについて

　退職者が発生した場合、最も留意しなければならないのが業務に穴を空けないことです。介護職は特に人を相手とした業務であるため、一律に作成されたマニュアルでは図り切れない内容の注意点が存在する可能性があります。

　そのため、引継ぎ期間を十分に設けることが重要です。施設利用者に不安感や不信感を抱かせないためにも、退職者と引継者が連携して業務を引き継いでいく必要があります。引継ぎを受ける者を新たに採用する場合は、引継ぎ期間を考慮して勤務開始日を設定しなければなりません。

　退職者が有給休暇の取得を希望し、十分な引継ぎ期間がとれない場合は、利用者のためにも新たに業務を引き受ける者のためにも引継ぎが不十分とならないよう、退職者と話し合っていく必要があります。

解雇はどのように行うのか

解雇予告をしなければ原則として解雇できないが例外もある

● 解雇の種類と制限

　退職の一形態に解雇があります。**解雇**とは、会社などの組織が組織の都合で従業員との雇用契約を解除することです。介護施設の場合であれば、「施設の経営者や管理監督者の方から従業員（職員・スタッフ）との雇用契約を解除する」ということを意味します。

　解雇は、その原因により、普通解雇・整理解雇・懲戒解雇に分けられます。整理解雇は業績不振による合理化など施設経営上の理由に伴う人員整理のことで、リストラともいいます。懲戒解雇は、たとえば従業員が施設の備品を盗んだ場合のように、組織の秩序に違反した者に対する懲戒処分としての解雇です。それ以外の解雇を普通解雇といいます。たとえば、職員の勤務態度不良や能力不足を理由とする解雇は通常、普通解雇にあたります。

　解雇については法律上、さまざまな制限があります。まず、従業員が業務上負傷し、又は疾病にかかり療養のために休業する期間及びその後30日間は解雇が禁止されています（労働基準法19条）。その他にも、労働基準法、労働組合法、男女雇用機会均等法、育児・介護休業法などの法律により、解雇が禁止される場合が定められています。

　また、法律上解雇が禁止される場合に該当しない場合であっても、解雇に関する規定が就業規則や雇用契約書にない場合、施設経営者は解雇に関する規定を新たに置かない限りは解雇できません。さらに、労働契約法で、解雇は、客観的に合理的な理由がなく、社会通念上相当と認められない場合は、その権利を濫用したものとして無効とされます（労働契約法16条）。一度問題行為を行っただけで、改善の機会

を一切与えずに行うような解雇処分は無効とされる可能性があります。

● 解雇予告手当を支払って即日解雇する方法もある

　従業員を解雇する場合、施設は原則として解雇の予定日より30日前にその従業員に解雇することを予告しなければなりません。しかし、どんな場合でも30日先まで解雇できない場合、問題が生じるケースがあります。こうした場合に備えて、即日解雇する代わりに30日分以上の平均賃金を解雇予告手当として支払う方法が認められています（労働基準法20条）。また、解雇予告手当は即日解雇する場合だけでなく、たとえば15日間は勤務してもらい、残りの15日分の解雇予告手当を支払う、などの形で行うこともできます。なお、解雇予告手当を支払った場合は、必ず受領証を提出してもらうようにしましょう。

● 解雇予告が不要な場合

　通常、解雇を行う場合は解雇予告や解雇予告手当の支給が必要ですが、①雇い入れてから14日以内の試用期間中の従業員、②日雇の従業員（日雇労働者）、③雇用期間を2か月以内に限る契約で雇用している従業員、④季節的業務を行うために雇用期間を4か月以内に限る契約で雇用している従業員については、例外として解雇予告不要とされています。

　なお、試用期間中の従業員であっても、すでに15日以上雇用している従業員を解雇する場合には、解雇予告や解雇予告手当が必要です。

● 解雇予告手当の支払いが不要になるケースもある

　以下のケースにおいて従業員を解雇する場合は、解雇予告あるいは解雇予告手当の支払は不要とされています。
① 　天災事変その他やむを得ない事由があって事業の継続ができなくなった場合（地震や火災、津波によって、事業の継続ができない場

合など）
② 従業員に責任があって雇用契約を継続できない場合（懲戒解雇事由にあたるような問題のある従業員を解雇する場合など）

ただし、①や②に該当した場合でも労働基準監督署長の認定が必要です。①に該当する場合には解雇制限除外認定申請書を、②に該当する場合には解雇予告除外認定申請書を提出しなければなりません。

● 解雇の通知は書面で行うようにする

従業員を解雇する場合、後の争いを避けるためにも書面で通知した方法が有効です。書面には、「解雇予告通知書」（解雇を予告する場合）といった表題をつけ、解雇する相手、解雇予定日、施設名と代表者名を記載した上で、解雇の理由を記載します。就業規則のある従業員の場合、解雇の理由と共に就業規則の規定のうち、解雇の根拠となる条文を明記し、具体的に根拠規定のどの部分に該当したかを説明します。

即時解雇する場合は、表題を「解雇通知書」とし、解雇予告手当を支払った場合にはその事実と金額も記載します。なお、解雇した元従業員や解雇予告期間中の従業員から解雇理由証明書の交付を求められた場合には、解雇通知書を渡していたとしても交付しなければなりません。

■ 解雇予告日と解雇予告手当

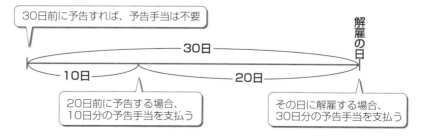

有期職員の雇止めに関する法律問題をおさえておこう

契約を更新しない際には相応の措置が必要である

● 契約の更新についての考え方を提示しておく

　従業員（職員・スタッフ）との契約は無期ではなく、「1年」「2年」などと、有期にすることもできます。有期契約は定められた期日をもって契約が解消されることを前提とした契約で、期日をもって事業主（施設）と従業員の関係は終了しますが、必要に応じて契約を更新することも可能です。

　このような有期労働契約について、厚生労働省は「**有期労働契約の締結、更新および雇止めに関する基準**」を策定しています。

　この基準によると、事業主が従業員と有期労働契約を結ぶ場合は、更新の有無および更新についての判断基準をあらかじめ提示しておくことが必要です。具体的には、①特別の事情がない限り自動更新する、②契約期間満了のつど更新の可否を判断する、③特別の事情がない限り契約の更新はしない、などの明示が義務付けられています。

　また、事業主が1年以上雇用している従業員と契約を更新する場合は、契約期間を必要以上に短くすることなく、契約の実態や従業員の希望に応じ、できるだけ長くするように努めることなども基準により示されています。

　これは、期間の定めのない契約をする正規従業員（正規職員）に比べ、有期契約の従業員が「雇止め」に対する不安など、保護に欠ける状態にあることから、労働環境の改善を目的として策定されたものです。施設側にはこの基準を遵守する努力が求められています。

　また、契約更新が繰り返し行われている有期労働契約は、年次有給休暇の取得や契約解除の際において、「期間の定めのない契約」と同

第3章　従業員を雇った場合の法律知識

等に扱われます。

● 契約を更新しない正当な理由が必要である

　有期労働契約の更新において生じる可能性が高い問題は、施設側が「契約更新をしない」という決定をしたときで、これを**雇止め**といいます。本来は、契約期間が満了した時点で雇用関係は消滅しますが、契約更新を何回か繰り返していると、従業員側としては次の契約更新を期待するものです。判例でもその心情を認める場合があり、その場合は有期契約であっても「期間の定めのない契約」と同等であるとみなしています。そこで、正当な理由なく契約更新しない雇止めは解雇と同等とみなされます。この場合は「契約期間が満了したから」という理由で契約を終了させることが**解雇権の濫用**と判断され、雇止めが認められない場合があります。正当な理由がないかの判断は、雇止めを従業員が拒否し、契約更新の意思表示を示した場合に行われます。

● 契約終了時に行う措置内容とは

　「有期労働契約の締結、更新および雇止めに関する基準」では、有期労働契約により雇用していた従業員との契約を終了する際には、以下のような措置をとるように施設側に求めています。

① 「1年以上雇用している従業員」「有期労働契約が3回以上更新されている従業員」「有期労働契約の更新により雇用期間が通算1年を超える従業員」と契約を更新しない場合は、少なくともその契約期間満了日の30日前までに、その予告をすること
② 前述した①の予告をした場合に、従業員が契約を更新しない理由についての証明書などを請求した場合は、遅滞なく交付すること
③ 有期労働契約を更新しなかった場合に、従業員が更新しなかった理由について証明書を請求したときは、遅滞なく交付すること
　なお、契約更新をしない正当理由には「契約更新回数の上限をあら

かじめ契約書に明示している」「担当職務が終了・中止した」「無断欠勤・遅刻など勤務態度が悪く、注意しても改善されない」などがあります。

● 雇止めつき契約とは

期間の定めのある労働契約について、雇止めを最初に契約書に明示した上で契約を締結することを**雇止めつき契約**と呼んでいます。

雇止めつき契約の契約期間中は雇用関係が保証されています。施設側には、契約終了時にトラブルなく雇用を終了させることができるというメリットがあります。また、従業員側には、あらかじめ施設側に契約更新の意思がないことを知らされることで、契約期間中に次の職場を探すだけの時間的余裕が得られるというメリットがあります。

なお、雇止めつき契約を締結する場合は、「期間終了後は契約が更新されないこと」を事前に明確に伝えておくことが非常に重要です。

● 契約の更新により通算の契約期間が5年を超えた場合

有期契約の更新が繰り返し行われ、通算の契約期間が5年を超えた場合、従業員の側が申込みをしたときには、有期の労働契約が無期の労働契約に転換されます。つまり、同じ使用者（施設）と締結していた労働契約の通算期間が5年を超えれば、従業員は労働契約を無期のものに転換するように申し込むことができるということです。施設は、従業員のこの申込みを自動的に承諾したとみなされるため、施設側がこの申込みを拒否することはできません。

無期の労働契約に転換した際の労働条件は、原則として、有期の労働契約を締結していたときと同様です。スタッフと何度も更新を繰り返すケースもあるため、管理監督者としては、「5年を超えるかどうか」という点には注意する必要があります。

その他労務管理における注意点について知っておこう

職員が労働組合等を結成して、交渉を求めてくる場合がある

● 職員が労働組合やユニオンに加入しているケース

　介護施設で働く介護職員は、自身の置かれている労働条件に不満があるため、改善を望むケースがあります。しかし、1人の介護職員が介護施設と渡り歩かなくてはいけないため、どうしても立場が弱い介護職員側の主張が、ないがしろにされてしまうおそれがあります。そこで、ホームヘルパーや介護施設職員はもちろん、ケアマネジャーなど、介護の仕事をしている人たちが労働組合を結成する場合があります。労働組合の活動を通じて、職員が主張する多くの事柄には、たとえば、①賃金の支払い、②利用者の都合による、突然の施設等利用のキャンセルについての賃金保障、③合理的理由のない有期雇用や解雇をなくすための活動等を挙げることができます。

　また、労働組合といった場合、一般には、施設内の職員同士が結成する団体をイメージすることが多いと思います。しかし、介護という専門職において、1つの施設の内部ではなく、介護事業やそれに関連する事業で働く人々が結成する労働組合があります。このように、同じ職業の人々が、施設等の垣根を越えて横断的に組織する労働組合をユニオンといいます。一般に、労働組合は介護職務への従事にあたっての問題点を施設に対して主張することが多いようですが、ユニオンは、その性質上、特定の施設に対してではなく、場合によっては、国や地方公共団体に対して交渉を持ちかけることがあります。

● 労働組合・ユニオンとの交渉するときの注意点

　労働組合やユニオンを通じて、職員が介護施設に交渉を働きかけて

きた場合に、職員は施設側と比べて、明らかに使用者と労働者という力関係において、弱い立場に置かれます。そのため、一般に労働組合には①団結権、②団体交渉権、③団体交渉権が認められています。特に介護施設が、労働組合の結成や労働組合への加入に対する妨害、労働組合からの脱退の強要、正当な労働組合活動に対する誹謗中傷を行うなどの行為は、不当労働行為として許されません。労働組合または、介護職員個人が加入したユニオンを通じて、賃金・業務内容に関する主張が表明されるため、施設側は、これらの介護職員の主張に誠実に対応する必要があります。

退職した職員が他の施設で働くことを阻止できるのか

その施設にとって重大な秘密情報を開示された職員が退職する際に、秘密保持義務に加えて、**競業避止義務**を課す契約を締結することがあります。施設が個々の職員との間で競業避止義務契約を締結する場合、就業期間中に得た知識やスキルを、容易に開示してしまうことを封じる目的があります。このような競業避止義務は、すべての職員に課せられるのではなく、その施設の機密を知り得る立場にある者に限られるため、一握りの中枢部の職員を対象にしたものと考えるべきでしょう。つまり、一般の単純労働に従事する職員について、在職中は施設に不利益になるような兼業等を禁じることができますが、退職後に同業他社等に移転することまでは規制できないと思われます。

もっとも、競業避止契約を結ぶ上でのポイントですが、具体的には、「契約に違反した場合には、退職金を全額返還しなければならない」「退職後5年以内に、競業他施設に転職してはならない」などというように、「厳しい条件を定めた契約は有効か否か」といった形で問題になります。なお、具体的な競業避止契約の締結方法としては、就業規則に競業避止規定を置く方法や、入社や退社のタイミングで該当する職員に誓約書を書かせる方法をとることが一般的です。

24 セクハラ、パワハラについて知っておこう

セクハラが生じないようにするための体制を構築する必要がある

● どのような分類がなされているのか

　職場における**セクハラ**（セクシュアル・ハラスメント）とは、職場における性的な言動により労働者の就業環境を害することです。

　職場のセクハラには、対価型（性的関係の要求を拒否した場合に労働者が不利益を被る場合）と環境型（就業環境を不快にすることで、労働者の就業に重大な支障が生じる場合）があります。たとえば、施設の利用者がスタッフに対して性的な関係を要求したものの、拒否されたことを理由にその労働者の解雇を訴える場合などが対価型セクハラの例です。また、スタッフの身体に対する接触行為や、施設内に卑猥な写真を掲示するなど行為により労働者の就業に著しい不都合が生じる場合が環境型セクハラの例です。

　セクハラに該当するかの判断については、男女の認識の仕方によっても変わります。そのため、被害者とされる従業員の感じ方を重視しつつも、一定の客観性を考慮した上で判断していきます。実際にはセクハラの判断はケース・バイ・ケースで判断されることになります。

　なお、セクハラには、女性が男性に行う行為も想定されます。事業主は女性スタッフだけでなく男性社スタッフもセクハラによる被害を受けないような体制を構築しなければなりません。

● 相談を受けたら具体的に何をすべきか

　実際にセクハラ被害などについて相談を受けた場合、まずは相談者からの訴えを十分に聞くことが重要です。相談者は１人で悩み、意を決して信頼できると思える相手を選んで相談を持ちかけているはずで

す。不用意な対応をすると、その信頼を裏切ることにもなりかねませんので、慎重に対応すべきでしょう。

次に、必要になるのが事実確認です。たとえ被害者からの訴えであったとしても、当事者の一方の話を聞くだけで対応を決めることはできません。直接加害者とされている人に話を聞く他、事情を知っていそうな同僚などからも情報を収集します。事実を確認した場合、迅速に対応すると共に同じ問題が起きないよう施設内で防止策を講じていきます。具体的には、利用者などから実際に行われた言動を書面にて記録する方法や、同姓の職員と業務を行う方法、複数の職員がチームになって行動する方法などが挙げられます。

実際に利用者によるセクハラ行為が発覚し、再三の注意も聞き入れないような利用者の場合は、施設の利用を中止してもらうよう申し入れる方法も効果的です。また、相談した被害者のプライバシーの侵害がないように配慮をしなければなりません。

● パワハラとは

パワーハラスメント（パワハラ）とは、職務上の地位や職権を利用して嫌がらせをすることです。具体的には、不合理な命令や過剰な指導、被害者の人格を無視した行為などです。パワハラが原因で労災申請が認められることもあり、労務管理上の配慮をする必要があります。

なお、厚生労働省による平成24年1月の報告では、職場のパワーハラスメントについて、「同じ職場で働く者に対して、職務上の地位や人間関係などの職場内の優位性を背景に、業務の適正な範囲を超えて、精神的・身体的苦痛を与えるまたは職場環境を悪化させる行為」と定義しています。

● パワハラ被害を防止するための対策

パワハラを防止するには、さまざまな角度から複数の対策を講じる

必要があります。具体的には、①施設における相談窓口の設置、②従業員への教育研修の実施、③施設内での調査の実施、④パワハラ被害者に対する仕事復帰へのサポート、⑤弁護士などの専門家を介しての体制強化、などの事柄が挙げられます。

● 教育・指導の中でのパワハラ

パワハラが、仕事を教育・指導する中で行われるケースがあります。たとえば、遂行不可能な仕事をスタッフの成長のために必要だと考えて与えている場合などです。また、能力や経験とかけ離れた内容の業務命令であっても、仕事の基本を覚えさせる意図があってあえて実施している可能性もあります。

このような行為がパワハラに該当するかは線引きが難しいものです。仕事上で必要な教育・指導の範囲内であればパワハラにはならず、嫌がらせであればパワハラになるという基準を用いることができますが、実際はケース・バイ・ケースで判断していくことになります。

● セクハラ・パワハラが訴訟になったとき

場合によっては、セクハラやパワハラが原因となり訴訟まで発展するケースもあります。

加害者とされる者が施設の従業員である場合は、その従業員が所属する使用者も使用者責任として損害賠償責任を負います。また、労働契約から付随して生じる義務である「働きやすい職場環境づくり」を怠ったとして、債務不履行責任に基づく損害賠償責任も負う可能性が生じます。

実際に裁判で争うとなると、一定の法律知識や訴訟対策が必要になるため、施設側としては事前に弁護士などに相談をする方法が有効です。その上で、直接の加害者と入念に話し合い、対策を立てる必要があります。

問題があった場合の懲戒処分について知っておこう

服務規律の徹底が適切な懲戒処分の実施へとつながる

● 介護施設における服務規律

　介護施設における服務規律には、従業員が施設の一員として日常の業務を行っていく上で念頭に置くべきルール、倫理、姿勢などについてを明確にしていきます。条項の記載については法的な義務はないものの、就業規則に明確に文章化することで使用者を含めた従業員全員が同じ認識の下に業務にあたることができます。

　また、服務規律の違反行為があって懲戒処分を科す場合に、その正当性や根拠を主張しやすくなるなどの効果もあります。

　条項作成の手順として、まずは服務の原則として、服務規律全体の概念を示します。就業規則の遵守や誠実な業務の遂行、職場での協調や秩序の維持などを促すため、施設の方針をふまえてできるだけ具体的に明示します。

　具体的な内容としては、たとえば次のようなものに分類されます。

① **就業時の心構え、姿勢**

　目標に向けて誠実に、効率よく業務にあたること、施設の一員としての自覚を持ち、円滑な業務遂行を心がけることなど。

② **従業員としての自覚、責任**

　いかなるときも施設の名を背負っていることを自覚し、信用を損ねない行動をとることなど。

③ **施設の備品、製品等の扱い**

　施設内の財産の持ち出し禁止、維持管理の徹底など。

④ **社会規範の遵守**

　刑法、道路交通法をはじめとする法令に違反する行為の厳禁など。

第３章　従業員を雇った場合の法律知識

⑤　社内での業務外の活動の禁止

業務に関係のない宗教活動、政治活動、販売活動およびそれらに類する行為などの禁止。

● どんな場合に懲戒になるのか

職員が施設のルールを破って職場の秩序を乱した場合、使用者は施設の秩序を維持するために、職員にペナルティ（制裁）を科すことになります。これを**懲戒処分**といいます。

たとえば、経理に携わる人間が施設のお金を使い込んでいたことや私的利用をしたことが発覚した場合は、その人間を懲戒解雇するなどのケースが挙げられます。

施設では、短時間の勤務者を含め、多数の労働者が勤務をしています。そのため、施設側としては、服務規律や職場の秩序など働く上での施設のルールをしっかり定めた上で、施設の目的に沿った活動を行うことが非常に必要になります。施設の使用者と職員全員が同じ意識の下で業務にあたるためには、就業規則による明確な懲戒処分の明示が重要です。

● 懲戒処分の種類

懲戒処分には、主に次のようなものがあります。

具体的には、①の戒告・譴責から始まり、⑤の懲戒解雇へ向けて順に重い処分となっていきます。

① 戒告・譴責

将来を戒め、始末書は提出させないのが戒告で、始末書を提出させるのが譴責です。戒告と譴責は、懲戒処分の中ではもっとも軽い処分ですが、昇給、昇格、賞与などの一時金の査定上、不利に扱われることがあります。

② 減給

懲戒としての減給は、施設の秩序を乱したことに対するペナルティ、いわゆる制裁金です。このペナルティの額が不当に高くならないように、労働基準法91条は減給額に制限を設けています。

また、施設に実際に損害が発生した場合、施設では減給とは別に受けた損害の賠償を労働者に請求することができます（民法415条）。たとえば、火気厳禁の場所でたばこの火の不始末から施設社の重要な機材を焼失させた場合に、減給処分と一緒に機材の弁償を請求するようなケースが挙げられます。

③ **停職（自宅謹慎、懲戒休職）**

職員を一定期間出勤させないという処分です。停職の期間中は賃金が支払われないことから、結果として減収扱いとなります。なお、出勤停止の期間は、2週間以内程度とするのが一般的です。出勤停止による減収には、減給の場合の労働基準法91条の制限はありません。

④ **諭旨解雇**

本人の自発的退職という形で解雇することです。処分理由が懲戒解雇の場合よりも少しだけ軽い場合で、本人が施設に功績を残している場合などに行われます。また、諭旨解雇に応じなければ懲戒解雇にするというケースも多くあります。

⑤ **懲戒解雇**

もっとも重い懲戒処分です。施設都合での普通解雇や整理解雇とは異なり、本人の不行跡を理由に解雇するものです。

解雇予告は不要ですが、懲戒解雇が正当であるかについて、労働基準監督署長の解雇予告除外認定が必要になります。また、予告手当の支払いも必要なく、即時解雇できます（労働基準法20条1項ただし書）。

他の解雇と比べて、本人に大きな不利益を与える処分であるため、事実上再就職が困難になるという面があります。そのため、懲戒解雇の適用には、他の解雇以上に厳しい条件が課せられており、本人に一切の弁明の機会も与えずいきなり懲戒解雇にすることはできません。

懲戒解雇の事由としては、たとえば施設の秩序を乱す行為や服務規定違反を繰り返している場合、窃盗や傷害、詐欺などの犯罪を行うなど、施設の名誉を著しく汚し、信用を失墜させた場合、または私生活上の非行などが考えられます。なお、懲戒解雇された労働者は、退職金の全部または一部が支払われないのが通常です。

　また、懲戒解雇は解雇者の再就職にも多大な影響を与えるため、表向きは普通解雇の形が採られるケースがあります。ただし、この場合は、解雇者に対して退職金を支払う必要があります。

● 処分をする際に気をつけること

　懲戒処分を科す場合、就業規則の中でどのようなことが処分の対象になっているのかということがポイントになります。また、懲戒処分の種類が具体的に定められていることが必要です。

　実際に処分に相当する行為が発生した場合は、内容に応じて速やかに手続きを進めていきます。

　よほどの重大な行為を除き、まずは戒告から始め、順に処分を重くする方法をとることが一般的です。一度の遅刻行為で、直ちに解雇処分をとるということは認められません。注意をしても聞き入れられず、処分に相当する行為が繰り返された場合に、処分を重くしていく、という手順になります。

　なお、法律や就業規則に沿った内容で懲戒処分を下したにもかかわらず、職員が逆恨みなどで訴えを起こす場合などがあります。

　このような場合に備え、実際に懲戒処分に相当する行為が行われた日時や場所、対象者やそれに対する指導内容を記録しておくことが重要です。また、目撃者がいる場合は、その目撃者の証言が必要となる場合があるため、目撃者の名前や内容も控えておきます。施設側としては、些細な事象でも必ず記録をとる体制を徹底させ、施設全体で情報を共有していく必要があります。

第4章
介護事故と施設の責任

職員や施設はどんな責任を負うのか

債務不履行責任や不法行為責任を負うことになる

● どんな責任を負うのか

　介護事故が発生した場合、職員や施設はさまざまな責任を負うことになります。具体的には、施設は民法415条の債務不履行責任、職員は民法709条の不法行為責任を負うことになります。また、職員が不法行為責任を負った場合、施設にはその職員を監督する義務があったといえますので、施設は民法715条の使用者責任も負うことになります。

　これらの責任を負うことになると、職員や施設は利用者やその家族から損害賠償や慰謝料を請求されることになります。

　以下、これらの責任の内容を詳しく確認していきましょう。

● 債務不履行責任とは

　債務不履行とは、相手方に対して一定の債務を負っている者が、行うべき債務の履行をしなかった場合に、相手方に生じた損害を賠償する責任のことです。利用者と施設は、施設利用契約を結んでいます。つまり、施設は、利用者から利用料を支払ってもらう代わりに、利用者が施設内で安全快適に生活することができるよう、環境を整えるという債務を負います。言い換えると、施設側は、利用者が安全・快適に生活することができるように配慮する義務を負っているということになります。この義務のことを**安全配慮義務**といいます。

● 不法行為責任とは

　不法行為とは、故意または過失によって他人の権利を違法に侵害し、損害を与える行為のことをいいます。不法行為の成立要件は、①加害

者の故意または過失による行為に基づくこと、②他人の権利や利益を違法に侵害したこと、③加害行為と損害発生の間に相当因果関係があること、④加害者に責任能力があること、です。

たとえば、職員の不注意によって利用者が転倒し、その転倒時に利用者が骨折したという場合には、①②③の要件が認められることになります。④の責任能力は、加害者が心神喪失者などの場合のみに否定されるものですから、通常の職員が起こした事故の場合は問題なく認められるといえるでしょう。

施設の負う使用者責任とは

使用者責任とは、ある事業のために他人を使用する者（使用者）は、従業員（被用者）が仕事中に第三者に加えた損害を賠償しなければならないというものです。したがって、職員が利用者に何らかの損害を与えてしまった場合、施設は使用者として、連帯責任を負うことになります。ただし、職員の選任や職員の監督にあたって、施設が相当の注意をしたときや、相当の注意をしても損害が生じることを防げなかったといえる場合には、使用者責任を問われることはありません。

■ 不法行為を理由とする損害賠償請求

被害者 — 損害賠償請求 → 加害者
精神的損害
財産的損害
不法行為

また、施設が利用者に対して損害賠償をした場合には、施設は職員に対して求償（不利益を受けた分を償還請求すること）をすることができます。

● 過失相殺とは

　発生した損害について被害者にも責任があるような場合に、加害者がすべての損害について賠償責任を負わされるというのは、公平ではありません。そこで、被害者にも、損害の発生について過失がある場合には、その分を損害賠償額の計算に反映させることになっています。これを**過失相殺**といいます。

　職員や施設の不法行為または債務不履行に際し、利用者側にも過失があって損害の発生や拡大の一因になった場合には、損害額から利用者の過失割合に相当する額を差し引くことになります。たとえば、500万円の損害額があっても、利用者の過失が3割と認定されれば、賠償すべき額は、500万円×（1−0.3）＝350万円となります。

　なお、過失の割合を認定する基準はないため、事案ごとに個別的に判断をすることになります。

■ **使用者責任の追及**

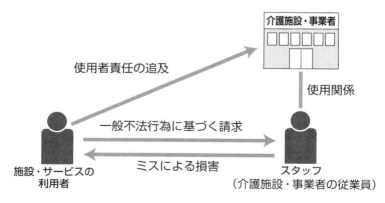

事故が起こった場合のリスクと対応について知っておこう

誠意ある対応をすることが大切である

● 事故が起こった場合まずどうするのか

　事故が発生したときは、まずは利用者への応急処置を行います。利用者の様態を観察し、必要があればすぐに病院への搬送を手配します。事故の発生直後は、職員がパニックを起こす可能性もありますので、あらかじめマニュアルを用意しておくなど、適切な対応ができるように準備しておくことが大切です。

　次に、事故の発生について、家族や行政機関、各種関係者などに報告することが必要です。被害の状況などの把握している事実をできるだけ迅速・明確に報告するようにしましょう。緊急的な対応が一段落した後、事故の発生原因を分析する必要があります。利用者の介助を担当した職員等に、事故発生前後の状況を確認し、一体何が原因であったのか、詳細を事故報告書にまとめていくことになります。

　なお、事故事例は、再発防止のための重要な情報となります。したがって、施設内において、事故内容の検討を繰り返し行い、施設運営に役立てていくことが大切です。

● 訴訟にはさまざまなデメリットがある

　介護事故が発生し、施設側と利用者・家族側の主張に折り合いがつかない場合には、訴訟に発展してしまう場合もあります。訴訟という方法を選択すれば、責任の所在や損害額などについて、法的にはっきりとした決着をつけることができます。しかし、訴訟による解決には、さまざまなデメリットがあります。費用や時間面の負担は非常に大きくなりますし、敗訴した場合には多額の賠償金の請求を受けることに

なります。また、世間からは問題を抱えた施設であると捉えられ、信用性を大きく失ってしまう可能性もあるでしょう。

　訴訟を提起した利用者や家族は、事故が発生したこと自体に怒りを感じているわけではなく、事故後の施設の対応に不満を感じているという場合が少なくありません。したがって、施設側から誠意ある態度が示されなかった場合には、たとえ訴訟で賠償金を勝ち得たとしても、心からよかったと思える結果が得られることは難しいといえるでしょう。

● どのように本人、家族に対応していけばよいのか

　事故後にどのような対応を行えば、こうした事態を回避できるのでしょうか。

　訴訟になったときに不利になることを恐れて、謝罪することを拒む施設もあるようですが、こうした態度をとることは必ずしも得策であるとはいえません。むしろ、事故が発生したこと自体についてはしっかりと謝罪し、確認した事実について、適宜報告していくことが、誠意ある対応だといえるでしょう。ただし、非がないことまで謝罪したり、いい加減な回答をしたりすることは、よけいな混乱を生じさせることにつながりますので、安易な受け答えをしないよう、十分に注意することが必要です。また、日頃から施設における介護計画について、本人や家族に理解を深めてもらうことも大切です。利用者が自分らしい生活を実現させていくためには、一定の事故のリスクも伴われるということを、本人や家族に納得してもらうようにしましょう。利用者や家族は「料金を払っているのだから絶対に安全だ」「プロにまかせているのだから事故が起こるはずはない」という誤った認識をしている場合もありますので、そうした認識を正してもらえるように努めることが大切です。

3 転倒・転落事故と責任について知っておこう

個別具体的な対応をしていたかどうかが問われることになる

● 転倒・転落事故とは

　介護施設において発生する事故の中で、最も多く発生する事故が、**転倒・転落事故**です。特に、歩行中の転倒事故や、ベッドや車いすからの転落事故が多く発生しています。

　転倒・転落事故の特徴は、場所や時間を問わず、いつでもどこでも起こり得る事故であるという点にあります。施設の職員が介助しているときだけでなく、施設利用者が一人で移動しようとしたときにも起こる可能性があります。

　高齢者の多くは、骨が弱くなっていますので、転倒や転落をすると、骨折などの大きなケガを負う場合があります。転倒・転落による骨折をきっかけに、寝たきり状態となり、生活の質が著しく低下してしまう危険性もありますので、施設側は転倒・転落事故を生じさせないよう、十分注意を払う必要があります。

● どんな場合に何が問題になるのか

　施設側の過失によって、利用者が転倒・転落して負傷した場合、施設側はその責任を負い、利用者側からの損害賠償請求や慰謝料請求などに応じなければなりません。**過失**とは、不注意による失敗のことをいいます。過失があると判断されると、施設側に善管注意義務違反（利用者が施設で安全に生活することができるよう管理する義務に違反すること）があったと判断されるため、施設はその責任を問われることになるのです。

　しかし、今のところ、転倒・転落事故について、施設側の過失の有

無を判断する明確な基準は、十分に確立されていません。そのため、どのような場合にどういった点が判断の基準になったのか、具体的な過去の判例を、よく読み解くことが重要になります。

　過去の判例によると、個別具体的な高齢者の状態や、事故が発生した際の状況等に照らし合わせて、①施設側が事故の発生を予見できたかどうか（結果の予見可能性）、また、②施設側が事故を回避するための対策を行っていたかどうか（結果回避義務）、という２点から、過失の有無の判断がされています。

　ただし、こうした過去の判例の判断基準は、あくまでその具体的事例において適用されたものです。実際に事故が発生した場合には、勝手な自己判断を行わず、弁護士などの専門家に相談する方がよいでしょう。

　以上の点をふまえ、今までの判例では、どのような場合に過失があるとして職員や施設が責任を負うことになり、また、どのような場合に過失がないとして職員や施設が責任を免れたのか、具体的に確認していくことにしましょう。

● どんな場合に職員や施設が責任を負うのか

　施設側が責任を負うことになった事例としては平成24年12月５日の青森地裁弘前支部判決があります。これは、日常的な自力歩行は困難であるものの、挙動傾向が見られる利用者が、浴室で転倒したというケースです。判例は、施設側には、対象者から目を離さない、代わりの者に見守りを依頼する、などといった対策をとり、転倒の恐れがない状態にすることを最優先とする義務があったが、それを怠っていたとして、施設側に過失があったことを認める判断をしています。

　次に、施設側の責任が否定された事例としては、平成24年７月11日の東京地裁判決があります。この事例では、施設は、利用者本人やその家族、利用者の入院していた医療機関等から、利用者の歩行が不安

定であるとの情報提供を受けていませんでした。また、利用者は、施設入所後も職員の介助を受けることなく自由に歩行しており、施設内で転倒したこともありませんでした。このような場合は、利用者が転倒することを予見することはできないといえますので、施設側に転倒を防止する義務があるとは認められず、施設側に過失はなかったという判断がされています。

● 転倒・転落事故を防ぐためにはどうすればよいのか

　高齢者は、身体がふらつきやすく、また、注意力も低下しているため、転倒・転落事故を起こす危険性が非常に高くなっています。しかし、こうした危険を回避するために、身体拘束などを行い、不用意に利用者の尊厳や自立心を損なわせることはあってはなりません。

　転倒・転落事故を防止するためには、利用者に合わせた介護計画を立て、適切に見守りや介助を実施していくことが必要になるでしょう。また、手すりや柵を設置するなど、環境を整備することも重要です。

　特に、いつもは歩行に問題がない利用者であっても、病気や薬の影響で、転倒・転落を起こしやすくなっている場合もあります。利用者の個別的な情報を十分把握した上で、適切な対応をしていく必要があるといえます。

■ **債務不履行の損害賠償請求**

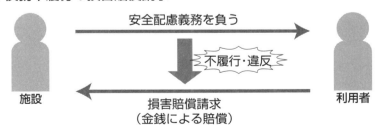

# 誤嚥事故と責任について知っておこう

適切な初期対応をしたかどうかが重要になる

● 誤嚥事故とは

　誤嚥とは、食べ物が誤って気管に入ってしまうことをいいます。嚥下（食べ物を飲み込むこと）する機能が低下した高齢者が起こしやすく、肺炎（誤嚥性肺炎）や呼吸困難、窒息、死亡など、重篤な結果を引き起こす原因になります。なお、誤嚥・誤飲による事故は、転倒・転落事故に次いで、発生件数の多い介護事故になっています。

● どんな場合に何が問題になるのか

　職員や施設側の過失が原因となって、誤嚥事故が発生し、利用者に損害が及んだという場合には、注意義務違反があったとして、施設がその責任を負わされることがあります。
　施設側に過失があるがどうかの判断は、①どのような食材を食べさせたか、②異変発覚後の対応はどうであったか、③誤嚥と損害との間に因果関係はあるか、といった点について、総合的に考慮して判断されることになります。なお、誤嚥による事故は、転倒・転落事故に比べ、施設側の過失が認められにくいという特徴があります。ただし、一旦過失があると認められてしまうと、被害者側から何千万円という多額の損害賠償請求を受ける可能性があります。

● どんな場合に職員や施設が責任を負うのか

　まず、①のどのような食材を食べさせたかという点ですが、誤嚥を生じやすい食材を提供したことだけをもって、直ちに施設側に過失があったと判断されることはありません。判例においても、腸をきれい

にするという目的でこんにゃくを提供していた施設に対し、小さく切り分けるなどの十分な配慮をしていたことから、注意義務違反があったとは認められないという判断がなされています（平成12年6月13日横浜地方裁判所判決）。

また、②の異変発覚後の対応はどうであったかという点については、職員が初期対応を適切に行ったかどうかが重要なポイントになります。

たとえば、食後に異変があったことについて職員が気づいていたのにもかかわらず、吸引器を取りに行くこともなく、救急車を呼ぶこともなかったというようなケースについては、適切な処置を怠ったとして、施設側の過失を認めた判例があります（平成12年2月23日横浜地方裁判所川崎支部判決）。

● 誤嚥事故を防ぐためにはどうすればよいのか

誤嚥・誤飲による事故は、大勢の利用者が一斉に食事をとる施設において、発生する確率が上昇します。職員は、適宜巡回をして、利用者一人ひとりの様子によく気を配る必要があります。特に、介護度が高く、嚥下機能の低下が見られる高齢者の食事については、職員がしっかりと付き添い、食事をとる姿勢や、飲み込む様子などについて注視することが求められます。重度の認知症患者は、食べ物を口の中に含んでいることを認知できずに、食べ物を喉に詰まらせてしまうこともありますので、十分注意するようにしましょう。

また、一般的に、粘り気の強い食材などは誤嚥を引き起こしやすいといわれています。こうした食材を提供する際には、調理方法や提供方法を工夫するなどして、少しでも発生リスクの回避を考えることが大切です。

万が一、誤嚥が発生してしまった場合には、指で取り除く、背中をたたく、吸引器を使用するなど、慌てずに適切な処置を行うことができるよう、職員を教育しておくことも重要です。

5 身体拘束の問題と責任について知っておこう

緊急やむを得ない場合であれば違法性が否定される

● 身体拘束とは

　身体拘束とは、入所者である高齢者を固定し、身体の自由をきかなくするための行為です。この行為は、高齢者の人権を侵害するとされ、虐待とみなされる可能性があります。

　利用者が徘徊しないように車いすやベッドなどに体幹や四肢をひもやベルトなどで縛ることや、転落を防ぐためにベッドなどに体幹や四肢をひもなどで縛ることが身体拘束にあたります。その他、自分で降りられないようにベッドを柵で囲む、行動を落ち着かせるために向精神薬を過剰に服薬させる、服を脱がないよう介護衣を着用させる、自分の意思で開けることのできない居室などに隔離する、自分から解除のできない施錠を部屋に施すことなども身体拘束にあたります。

　身体拘束は、かつては認知症患者の転倒・転落を防止する手段として、日常的に行われていました。しかし、現在は、身体拘束は基本的に行ってはいけないものと考えられています。高齢者の人間としての尊厳を失わせる行為であると共に、運動機能を著しく低下させる可能性もあるからです。

● 身体拘束を行うための要件は

　厚生労働省は、「**身体拘束ゼロへの手引き**」の中で、基本的に身体拘束を廃止する方針を打ち出すと共に、緊急やむを得ない場合の対応として、身体拘束を行うための要件を示しています。

　つまり、生命や身体を保護するため緊急やむを得ない場合であって、切迫性・非代替性・一時性の3つの要件が満たされていると判断され

た場合にのみ、身体拘束が認められることになります。**切迫性**とは、生命または身体が危険にさらされる可能性が著しく高いことをいいます。**非代替性**とは、身体拘束を行う以外に、代替する介護方法がないことをいいます。**一時性**とは、身体拘束が一時的なものであることをいいます。なお、3つの要件が満たされているかどうかの判断は、極めて慎重に実施される必要があります。

　身体拘束は、利用者に肉体的・精神的苦痛を与える行為です。したがって、前述の要件を満たしていない場合に行われた身体拘束には、違法性があることになります。逆に、前述の要件を満たしている場合であれば、違法性が否定されることになります。

　緊急やむを得ないケースでないにもかかわらず、身体拘束を行った場合、行為を行った職員や施設は、利用者やその家族から不法行為責任を問われる可能性があります。

　違法性が否定されるためには、緊急やむを得ない場合であるかどうかの判断が、施設全体の判断として行われている必要があります。また、利用者や家族に対して、身体拘束の理由や内容を説明し、理解してもらう必要もあります。身体拘束を行った場合には、その日時や様態、理由などについて、記録を残しておく必要があります。

● どんなことに気をつければよいのか

　身体拘束は廃止されるべきものとされていますので、まずは施設全体で身体拘束を行わないように取り組んでいくことが大切です。また、急を要し身体拘束が認められるケースの具体的な内容についても、あらかじめ定めておく必要があります。

　身体拘束を廃止するためには、身体拘束を誘発する原因を探り除去することや、5つの基本的事項（起きる、食べる、排せつする、清潔にする、活動する）についてその人に合った十分なケアを徹底することが重要であるとされています。

床ずれの問題と責任について知っておこう

入念なケアと医療機関の受診が重要になる

● 床ずれとは

　床ずれとは、褥瘡とも呼ばれ、体の一部が体重で圧迫されることで、血液の循環が悪くなり、皮膚が発赤するなどの症状が生じてしまうことをいいます。症状が悪化すると、皮膚が壊死してしまう場合もあります。

　寝たきりの高齢者などに多く見られる症状で、臀部や腰部、背部、足部などにできやすいという特徴があります。

● どんな場合に何が問題になるのか

　床ずれが発生した場合に問題となるのは、施設側が利用者に対して、適切な介護を行っていたといえるか、また、必要とされる医療機関との連携をとっていたといえるか、という点です。

　たとえば、一日中寝たきりの状態で、かつ、糖尿病を患っている利用者は、高齢者の中でも特に床ずれを起こしやすい状態にあるといえます。また、このような利用者は、床ずれが発生すると、症状の悪化が急速に進んでしまう恐れがあります。そのため、施設側には、日頃からの入念なケアと注意深い観察が求められることになります。

　また、観察によって異常が認められた場合には、すぐに医療機関を受診し、医師の指示を仰ぐことが必要になります。

● どんな場合に職員や施設が責任を負うのか

　施設には、利用者に適切な介護を行うという債務があります。床ずれを予防する注意義務や、医療機関を受診させる義務に違反している

場合、この債務が履行されていないことになりますので、施設側は債務不履行責任を負うことになります。したがって、施設側は損害を受けた利用者側から、損害賠償の支払いなどを請求されることがあります。

逆に、施設側が適切な介護等を行っていなかったといえるような具体的な形跡が存在しなければ、たとえ利用者が床ずれを発症してしまい、病院に入院するような事態が生じたとしても、施設側がその責任を問われることはないということになります。

施設が日頃から適切な体位交換、オムツ替え、栄養状態の把握、栄養状態の維持改善等を行っており、また、異常が見られた際には、適宜専門医の受診を受けさせていたというような場合であれば、適切な介護等を行っていなかったという具体的な形跡は見当たらず、施設側に床ずれの発症を予防する注意義務違反があったとは認められない、との判断を下した裁判例があります（平成26年2月3日東京地方裁判所判決）。

● どんなことに気をつければよいのか

施設として大切なことは、利用者に床ずれを生じさせないよう、また、生じてしまった場合にはできるだけ悪化させないよう、十分なケアを行うことです。そして、異常が認められた際には、必ず医師の診察と適切な治療を受けさせるようにしましょう。

床ずれは、皮膚をなるべく乾燥させることで防ぐことができますので、おむつ交換や衣類の交換をこまめに行うことが重要になります。

また、1～3時間おきに体位交換をすることによって、床ずれの発生を予防することも重要です。

適切な介護と治療を行うことで、床ずれの発生や重症化は抑えることができます。施設としては、こうした一つひとつの作業を徹底して行っていくことが大切になります。

徘徊・無断外出・失踪と責任について知っておこう

負傷・死亡という結果が生じることもある

● 徘徊・無断外出・失踪とは

　介護施設の利用者は、精神的機能が低下しているため、施設側が適切な管理をしていないと、施設内外を徘徊したり、無断で外出をすることが珍しくありません。

　無断外出や**徘徊**には思わぬ危険が伴いますので、利用者が負傷する原因になってしまいます。また、比較的すぐに発見できればよいのですが、どんなに捜索しても見つからず、**失踪**してしまうという事態が生じることもあります。場合によっては、数か月以上経ってから遠方の海辺で行き倒れているところを発見された、というようなケースもあります。

● どんな場合に何が問題になるのか

　徘徊・無断外出・失踪が原因となり、利用者が負傷・死亡する結果が生じた場合、担当職員や施設はその責任を負う場合があります。

　たとえば、重度の認知症患者が施設の窓から失踪し、遠方の砂浜で発見されたというケースにおいては、「死亡との因果関係までは認められないものの利用者が行方不明になったことにより、原告ら遺族が被った精神的苦痛に対する慰謝料等は認められる」として、施設側が遺族に対して慰謝料等の支払いを命じられた裁判例があります（平成13年9月25日静岡地方裁判所浜松支部判決）。

　この事例では、この利用者が重度の認知症患者であったことや、失踪直前に靴をとってこようとしたり廊下でうろうろしていたなどの不穏行動があったことなどから、施設側に利用者を施設から脱出させな

いようにする義務があったという判断がされました。

● どんな場合に職員や施設が責任を負うのか

　職員や施設が負う責任とは、①結果を予見できたか、②結果を回避するための対策をしていたか、という点から判断されることになります。以下、前述した裁判例に従って具体的に考えてみましょう。

　まず、①については、この利用者は身体的には健康であったため、失踪したとしても直ちに同人の死亡を予見することまではできなかったといえます。そのため、施設側は、死亡という結果に対する責任は負わないことになります。

　次に、②については、失踪直前に利用者が不穏な行動をしているところを担当職員が目撃していることから、職員は利用者の行動を注視し、失踪を回避する義務があったといえます。しかし、こうした義務を怠り、失踪という結果を招いてしまったため、施設側には失踪に対する責任が生じることになります。

● 徘徊・無断外出・失踪を防ぐためにはどうすればよいのか

　徘徊・無断外出・失踪等の問題は、利用者の生活の質の問題とも関係します。つまり、安全性を優先するために、部屋や玄関、窓等のすべてを施錠してしまえば、利用者は窮屈な生活を強いられることになります。逆に、施錠を極力行わず、開放的な生活環境を整えようとすると、徘徊・無断外出・失踪の発生するリスクが上昇してしまうことになります。施設の管理者は、このバランスをうまく調節しながら、利用者の生活をサポートしていかなければならないことになります。

　また、徘徊は、多くの場合、何らかの目的をもって歩いているといわれています。徘徊を繰り返す利用者がいる場合は、その利用者が抱えている背景を分析し、利用者の想いに寄り添っていくことによって、徘徊の頻度や回数を減らすことができるでしょう。

8 暴力・虐待と責任について知っておこう

施設も使用者責任を負うことがある

● 虐待の問題

高齢者虐待とは、基本的に高齢者の人権を侵害する行為や、高齢者に不当な扱いをする行為などを意味します。虐待の内容は、暴力的行為だけではなく、口頭によるものなど広範囲に及びます。

特に、高齢者が認知症などの自律性を欠く病気を患っている場合には、自分の思い通りに利用者が動かないことに対する苛立ちや、認知症ならば虐待をしても言いつけることができないため、周囲へ気づかれないだろう、という思いなどから、虐待が発生する割合が高くなっています。

● 職員が暴力や虐待をするとどうなるのか

高齢者虐待の加害者の多くは、介護を行っている高齢者の家族や身近な人物であるケースが多くありますが、昨今では介護職員が施設内で起こす虐待行為も問題視されています。

施設の職員が利用者に対して暴力や虐待をするということは、決してあってはならないことです。しかし、残念なことに、こうした問題が発覚し、報道機関などによって大きく取り上げられるというケースも実在しています。**虐待行為**には、身体的虐待（殴る、蹴る、手足を縛るなど、身体に暴行を加える行為のこと）以外にも、さまざまなものがあります。たとえば、威圧的な態度をとる、嫌がらせ行為をする、暴言を吐くなどの行為は、心理的虐待行為となります。また、介護や世話を放棄するネグレクト、性的な行為を行う性的虐待なども虐待行為に含まれます。

虐待行為の定義には幅があり、特に心理的虐待については、どこからが虐待の範囲内になるのか、判断が非常に難しいといえます。ただし、職員がこの程度は問題ないと思っている発言や行動が、利用者にとって著しい心理的外傷（トラウマやストレス）となっている場合には、虐待行為と捉えられてしまうことがありますので、十分な注意が必要です。施設内において暴力行為や虐待行為があったことが判明した場合には、当該施設は行政庁から是正指導を受け、暴力・虐待防止のための措置を講じることになります。

どんな場合に職員や施設が責任を負うのか

　施設の職員が利用者に対して暴力・虐待行為を行い、利用者に損害を負わせた場合、行為の張本人である職員だけでなく、その職員の雇い主である施設自体も責任を負う可能性があります。
　判例においても、介護サービスの事業の執行に際して行われた暴力行為について、施設に使用者責任があるとして、施設に対する損害賠償請求が認められたケースがあります。

■ 高齢者虐待に該当する行為

行　為	内　容
身体的虐待	殴る、蹴るなどの物理的痛みを伴う行為のこと。その他、不適切な薬の投与や身体の拘束も含む
心理的虐待	暴言や無視など、高齢者に孤立感や精神的な苦痛を与える行為のこと
性的虐待	高齢者に対して合意なく性的接触を行う行為や性的な悪戯を行うこと
経済的虐待	無断での高齢者の資産の横どりや財産の無断使用行為のこと
ネグレクト	食事を与えない、介護や世話をせずに長時間放置する、必要な介護サービスを受けさせないといった行為

第4章　介護事故と施設の責任

また、暴力行為をした者が、その施設の職員以外の者である場合であっても、職員や施設が責任を負うこともあります。たとえば、利用者間でトラブルが生じ、一方の利用者が他方の利用者を負傷させたという場合などがこれにあたります。施設側としてみれば、当人同士の問題であり、関与する必要はないと考えるかもしれません。ただし、この利用者同士が、顔を合わせればいつも怒鳴り合い、喧嘩をしていたといった事情がある場合には、管理者として責任を負う可能性があるのです。この場合、施設側は直接的にトラブルの原因を生じさせたわけではありませんが、「このままの状態を放置していれば暴力行為に発展する危険性がある」ということは、容易に予測できたはずです。

　施設側が何の対策もとらなかったために、暴力行為が現実となり、利用者に損害（ケガなど）が及んでしまったといえる場合には、施設側がその責任を問われ、損害賠償をしなければならない可能性があるのです。このように、職員や施設が責任を負うかどうかは、その結果の発生を予測できたかどうか（予見可能性）の有無によって判断されることになります。したがって、職員や施設が全く知らない行為が原因となり、あらかじめ予測することもできなかった結果が生じたというような場合については、職員や施設に責任が及ぶことはないということになります。

● 職員による暴力、虐待を防ぐためにはどうすればよいのか

　原因や責任がどこにあるのかにかかわらず、暴力や虐待の発生は防がなければなりません。では、暴力や虐待を防ぐために、施設としてはどのような対策をすればよいのでしょうか。

　暴力や虐待は、密室などの他者から見つかりにくい場所で行われやすいという特徴があります。したがって、管理者の目が行き届かないところで行われてしまう可能性があります。

　そのため、日頃から利用者の様子に不審な点がないか、複数人の職

員で様子を観察することが大切になります。身体に傷やあざがないか、物事に過剰におびえていないか、強い無力感を抱いていないか、など、利用者の些細な変化を感じ取ることができる環境づくりをすることで、暴力・虐待を防止することができます。また、利用者の変化を感じ取った職員が、その旨を管理者に報告しやすくする環境を整備しておくことも重要です。さらに、職員の規律意識の向上や、暴力・虐待についての知識の向上を目的として、研修制度を導入するのもよい方法といえるでしょう。

● 家族からの暴力・虐待や利用者間の暴力・虐待に気づいた場合

　利用者が家族や他の利用者から暴力・虐待を受けているのではないかと疑わしく感じた場合は、いきなり大騒ぎをするのではなく、まずは慎重に事実を確認していく必要があります。たとえば、利用者が「○○から暴力を受けた」と話し、体にあざがあったとしても、いきなり話を鵜呑みにするのは危険です。高齢者の皮膚は非常に弱く、少しの衝撃ですぐにあざができてしまいます。また、認知症患者の中には、周りの気を引きたいために他者の悪口を言ったり、被害妄想が強くなったりする人もいることを、頭の隅に置いておく必要があります。

　利用者の話によく耳を傾け、必要であると判断した場合には、加害者と思われる人に話を聞くようにしましょう。このとき、加害者であると決めつけて話をするのではなく、中立的な立場から、客観的事実を確認するように心がけましょう。

● 虐待と疑われる場合、職員はどう対応するのか

　暴力や虐待は、場合によっては命に関わる問題です。緊急性を要する深刻な事態であると判断した場合には、すぐに行政に相談したり、警察に通報する勇気が必要です。

　高齢者への虐待行為を防ぐため、平成17年に「高齢者虐待の防止、

高齢者の養護者に対する支援等に関する法律（**高齢者虐待防止法**）」が制定されています。この法律によると、施設の職員は、高齢者虐待を発見しやすい立場にあることから、高齢者虐待の早期発見に努めなければならないと定められています。

　また、高齢者への虐待を防止するための取り組みの一つとして、虐待を受けたと思われる高齢者を発見した者は、速やかに各市町村へその旨を通報するよう努めなければならないことも定められています。なお、高齢者の生命又は身体に重大な危険が生じている場合は、速やかに各市町村へ通報しなければなりません。

　被害者の高齢者は自宅や介護施設の外へ出かけるケースが少なく、虐待があるという事実が外部に知られにくいという特徴があります。

　そのため、被害者の生命に危険が及ぶ場合や緊急を要する場合には、市町村長が当該高齢者の住所又は居所に地域包括支援センターの職員などを立ち入らせて、必要な調査をすることが認められています。

　虐待を防止するために実際に施設の職員が心がけることには、十分な介護に関する知識や経験を積むことがあります。介護にまつわる虐待行為が最も発生する可能性が高い理由には、介護に関する知識や技術の欠如が挙げられるためです。

　特に認知症の高齢者の場合は、コンタクトの取り方や要望を聞き入れるためのノウハウが求められます。十分な知識や経験がない職員は業務中に混乱やミスをする可能性が高く、入所者とのコミュニケーションがとれず、その苛立ちが虐待行為へつながる可能性があります。

　特に利用者との関係が成立していなければ、ちょっとした言動が誤解を招くことになります。職員は十分な知識や経験に加え、研修などで虐待に関する理解を深めることも重要です。

管理の不備に基づく事故と責任について知っておこう

安全配慮義務に違反した場合、責任を問われることがある

● どんな場合に問題になるのか

　介護施設には、施設の利用者が安全・快適に自立した生活ができるよう、施設環境を整え、管理する義務があります。しかし、施設管理上の不備が原因となって、介護事故の発生を招いてしまうこともあります。

　たとえば、脱衣室の床が濡れたままになっており、利用者が足を滑らせて転倒してしまったというケースでは、床を濡れたまま放置していたという点に施設側の管理の不備があったといえるでしょう。

　また、認知症を患う利用者が、薬品類を保管している部屋に立ち入り、異食してしまったというケースでは、薬品類を保管している部屋の鍵をかけ忘れていたという点に、施設側の管理の不備が認められるでしょう。

　その他にも、室内の固定されていない設置物に体重をかけてしまい利用者が転倒してしまった、室内に段差があったために利用者が転倒してしまった、無断外出チェックのためのセンサーの電源が切れていたために利用者が施設外に抜け出してしまったなど、施設側がしっかりとした管理をしていた場合には防げたものの、その管理に不備があったために発生を防げなかった、という事故が数多く発生しています。

　介護施設は、建物、設備、生活環境などについて、利用者の安全が確保されるように整える義務があります。このことを安全配慮義務といいます。この安全配慮義務違反があったと認められる場合には、施設の管理上の責任が問われることになります。

● 施設や職員はどんな責任を負うことになるのか

　管理上の不備によって介護事故が発生した場合に、施設や職員に問われる可能性がある責任としては、大きく分けて2つあります。

　1つ目は、民法717条に規定されている土地工作物責任です。土地工作物責任とは、ある土地の工作物（建物など）に瑕疵（欠陥）があり、他人に損害が発生した場合に、その工作物の占有者や所有者が負うことになる損害賠償責任のことをいいます。つまり、施設として使用している建物や設備に、通常有すべき安全性が欠如していたと判断された場合に、その建物等の管理者が問われることになる責任です。たとえば、室内の段差によって利用者が転倒したというケースでは、施設側はこの責任を問われる可能性が高いといえます。

　2つ目は、建物や設備そのものの問題ではなく、単に介護職員の業務上の配慮が不十分であったとして、職員や管理者の不法行為責任等が問われる場合です。たとえば、利用者の歩行介助の途中で、職員がその場を離れたことを原因として、利用者が転倒したというケースでは、施設側はこの責任を問われる可能性が高くなります。

　つまり、事故の直接的な原因が施設の建物や設備にあるという場合には前者、間接的な原因でしかないという場合には後者の責任が問われる可能性が高くなります。

　いずれにせよ、利用者が事故に遭遇してしまうことをあらかじめ予想できたかどうか（予見可能性があったかどうか）という点が基準になり、責任の有無が判断されることになります。責任があると判断された場合には、事故の被害者から損害賠償を請求される可能性があります。

　介護施設を利用するのは高齢者や障害者ですから、利用者の身体的・心理的特性に合わせた環境を提供するよう、施設側は十分配慮する必要があります。

第5章
介護保険と介護報酬のしくみ

介護保険制度の全体像をおさえよう

65歳以上の利用者は第1号被保険者として扱われる

● 介護保険とは

　介護保険とは、加齢により介護を要する状態になった場合に安心して日常生活を送れるように医療や福祉のサービスを行う制度です。

　家族が1人では生活できない状況に陥ったとき、周囲の者が介護をすることで生活を手助けすることになります。多くの場合、家族が介護を行うことになりますが、介護している人にとって、当初の想像を超える心身・経済面での負担を迫られるケースもあります。急速に高齢化が進む中で、認知症や寝たきりになる高齢者も増え、介護の問題や日本が抱える最優先の課題となっているという状況です。

　こうした状況を少しでも改善するために、従来、老人福祉と老人保健に分かれていた高齢者の介護に関する制度を統一し、利用者にとって公平で利用しやすい制度を作ることを目的として平成12年4月から施行されたのが介護保険制度です。介護保険制度は、サービスの提供が利用者全体に公平に行きわたり、かつ効率的に運用できるように工夫されています。

　介護保険制度の保険者は市町村で、国や都道府県、そして協会けんぽなどの医療保険制度により包括的に支えられながら運営を行っています。具体的には、サービスの提供を行う基準となる要介護認定や保険料を徴収する他、実際に給付する介護サービスを決定し、給付するなど、介護保険制度の運営上でメインとなる役割を担っています。

● 被保険者の種類

　介護保険の被保険者には、第1号被保険者と第2号被保険者があり

ます。

　65歳以上の人は、第1号被保険者となります。一方、第2号被保険者は、40～64歳で医療保険に加入している人とその被扶養者が対象です。医療保険に加入している人やその被扶養者が40歳になると、自分の住んでいる市区町村の第2被保険者となります。第2号被保険者で介護保険の給付を受けることができるのは、第1号被保険者とは異なり、特定疾病によって介護や支援が必要となった場合に限られます。

　なお、介護保険の被保険者には被保険者証が発行されますが、第1号被保険者と第2号被保険者で発行の条件が異なります。第1号被保険者の場合はすべての被保険者が対象で、市区町村から郵送されます。第2号被保険者の場合は、要介護・要支援の認定を受けた人と、被保険者証の交付申請をした人に対してのみ、市区町村から発行されます。

● 介護保険事業計画

　介護保険事業計画とは、地方自治体が介護保険の保険給付を円滑に

■ 第1号被保険者と第2号被保険者の特色

	第1号被保険者	第2号被保険者
対象者	65歳以上の人	40～64歳の医療保険加入者とその被扶養者
介護保険サービスを利用できる人	要介護・要支援認定を受けた人	特定疾病によって要介護・要支援状態になった人
保険料を徴収する機関	市区町村	医療保険者
保険料の納付方法	年金額が 一定以上：特別徴収 一定以下：普通徴収	介護保険料を上乗せされた状態の医療保険に納付
保険料の金額の定め方	所得段階で分けられた定額保険料 （市区町村が設定）	〈各医療保険〉 　標準報酬 × 介護保険料率 〈国民健康保険〉 　所得割・均等割等の 　人数費による按分

第5章　介護保険と介護報酬のしくみ

実施するために策定する計画です。市町村が策定する「市町村介護保険事業計画」と、都道府県が策定する「都道府県介護保険事業計画」があります。介護保険事業については制度が始まった平成12年から3年を1期間として事業計画の策定・見直しが行われています。

平成27年度から始まる第6期については、地域包括ケアを実現するための計画の策定・遂行が求められることになります。

● 保険料の金額

介護保険制度における第1号被保険者の具体的な保険料は、国が定めた算定方法によって算出された基準額に対して各市区町村が調整し、最終的な金額が決定されます。したがって、保険料は市区町村によって異なります。また、第1号被保険者が全員同じ保険料を負担しているわけではなく、所得に応じて段階的に設定されている保険料を負担する方式となっています。第6期の介護保険料について、全国の市区町村の平均額は5,514円とされており、第5期（平成24年度～平成26年度）と比べると、550円程度高くなっています。

第1号被保険者は、自分の住んでいる市区町村が定めている保険料を納めます。一定以上の年金を受給している人はその年金から保険料が天引きされ、一定金額以下の年金受給者は、直接市区町村に保険料を納めることになります。

第2号被保険者の保険料は、第1号被保険者のように国が算定方式を示して基準額を設定し、各市区町村が調整するといった方式ではありません。第2号被保険者の保険料は原則として被保険者が加入している医療保険と共に納める形式となっています。介護保険料の負担部分については、雇用者側と折半する形になります。医療保険の被扶養者も40歳以上になると第2号被保険者になりますが、介護保険料の負担はありません。

介護保険サービスについて知っておこう

ケアプラン作成事業者が申請することもある

● 介護保険の利用と申請手続き

　介護保険を利用する場合には、申請をしなければなりません。申請時に提出する申請書類には、申請者の主治医を記入する項目があります。この主治医は、被保険者の状況について記載した意見書を提出することになります。申請から認定（非該当、要支援1・2、要介護1～5）までの流れは図（次ページ）の通りです。

　要介護認定の申請を行うときには、第1号被保険者は手元にある被保険者証を添えて申請書を提出する必要があります。第2号被保険者は手元に被保険者証がありませんから、申請書だけを提出します。

　申請は、本人や家族の他、近くの居宅介護支援事業者（ケアプラン作成事業者）や、地域包括支援センター、成年後見人、介護保険施設などにも依頼できます。必要事項を書いた申請書を提出してから30日以内に、訪問調査、主治医の意見書の提出、1次判定、2次判定という手続きを経て、最終的な要介護認定が行われます。

● 誰が申請できるのか

　要介護認定の申請は、市区町村などの介護保険制度を担当する窓口に対して行いますが、原則として本人が行わなければなりません。

　本人が申請できない状態の場合には、家族が申請することができます。申請を行うことができる人は、本人と家族以外にもいます。たとえば、民生委員（福祉サービスを支援する者）や成年後見人が本人の代わりに行うこともできます。また、地域包括支援センターも本人に変わって申請することができます。サービスを提供する事業者では、

指定居宅介護支援事業者や介護保険施設も代行可能です。

● 申請から認定までにかかる期間

　要介護認定の申請をしてから認定されるまでの期間は30日以内とされています。更新の場合には、有効期間が切れる60日前から更新申請をすることができます。更新の時期が来ると、市区町村から更新申請の用紙が送付されるので、この用紙を更新時に提出します。

　なお、介護保険の給付サービスを受けることができるのは、申請した日からです。ただ、認定結果が予想していた度合より軽い場合や非該当となった場合には、その部分についての支払は自己負担になるので注意が必要です。非該当の場合はそもそも介護保険の対象外ですから、全額を負担しなければなりません。

■ 介護サービスを受けるまでの手続き

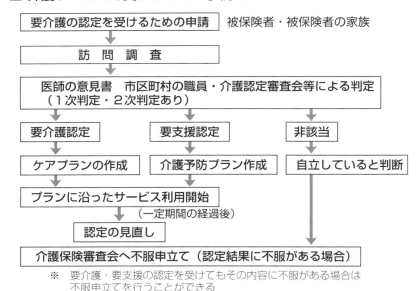

介護サービス利用にかかる費用やサービスの提供について知っておこう

事業者は予防給付・介護給付のサービスを提供することになる

● 要支援と要介護

　介護保険は、要支援あるいは要介護の認定を受けた人だけが、介護保険の給付を受けることができます。要支援者とは要支援状態にある人で、要介護状態にある人が要介護者です。**要支援状態**とは、社会的支援を必要とする状態を指します。具体的には、日常生活を送る上で必要となる基本的な動作をとるときに見守りや手助けなどを必要とする状態のことです。要支援者は、要支援状態の度合いによって、要支援1と要支援2に分類されます。**要介護状態**とは、日常生活を送る上で必要となる基本的な動作をとるときに介護を必要とする状態です。要介護の場合には、介護が必要な状態の程度によって、「要介護1」から「要介護5」までの5段階に分かれています。

　要介護1～5の認定を受けた人は介護給付、要支援1～2の認定を受けた人は予防給付のサービスを受けることができます。サービスは大きく分けると居宅・施設・地域密着型サービスに分類できます。支援を受けるためのケアプランの作成については、居宅介護支援・介護予防支援のサービスを利用します。なお、要介護認定で「非該当」であっても地域支援事業のサービスを利用することは可能です。

● 保険料の負担割合と負担を軽減する制度

　介護給付を受けるために認定を受けた利用者は、その認定の度合いによって受けられる給付額が異なります。このように、介護保険で利用できるサービスの費用の上限を区分ごとに定めたものを**支給限度額**といいます。支給限度額を超えて利用した場合には、その超えた金額

は全額自己負担になります。

　介護保険制度は、従来介護給付費・介護予防サービス費の利用者負担は一律で1割負担でしたが、平成27年8月からこの負担割合が変更され、所得が一定以上の人の自己負担割合が1割から2割に上がりました。合計所得金額が160万円以上（単身で年金収入のみの場合、280万円以上）の人が対象です。

● 高額介護サービス費などの負担軽減制度

　このように、介護サービスの利用料の本人負担割合は原則として1割（一定所得者以上は2割）ということになりますが、負担額を軽減するため、在宅サービスや施設サービスの利用料の自己負担額が高額になってしまった場合に市区町村から払戻しを受けることができる**高額介護サービス費**という制度を利用することもできます。ただし、払戻しを受けるためには、毎月申請を行う必要があります。

　高額介護サービス費として市区町村から払戻しを受ける基準となる自己負担額の上限（月額）は、以下のように、利用者の世帯の所得状況によって段階的に設定されています。

- **第1段階**（生活保護受給者、世帯全員が住民税非課税でかつ老齢福祉年金受給者）：1万5000円（個人の場合）
- **第2段階**（世帯全員が住民税非課税でかつ課税年金収入額と合計所得金額の合計が80万円以下）：1万5000円（個人の場合）
- **第3段階**（世帯全員が住民税非課税で利用者負担第2段階に該当しない場合）：世帯で2万4600円
- **第4段階**（世帯内のいずれかが住民税課税対象の場合）：世帯で3万7200円
- **第5段階**（現役並み所得に相当する者がいる世帯）：世帯で4万4400円

　なお、同一世帯に複数の利用者がいる場合には、その複数の利用者の自己負担額を合計した金額が上限額として計算されます。

また、施設を利用した場合などに生じる食費や居住費用（ホテルコスト）は原則として自己負担ですが、低所得者の負担軽減のため、補足給付という制度も用意されています。

● 世帯分離の活用

　高額介護サービス費は、世帯の所得状況によって自己負担額の上限が異なります。そのため、たとえば同居している子の所得が多い場合などには、親の費用負担は大きくなってしまうことになります。そこで、実際は親子で家計を別々にしているというような場合には、同一の住所で暮らしている家族であっても、別の世帯であるとして住民登録することが認められています。このことを**世帯分離**といい、介護費用の負担を軽減する方法として活用されています（世帯分離をするためには市区町村で一定の届出が必要です）。

　このように、利用者の経済的な負担を軽減するために活用できる制度にはさまざまなものがあります。施設職員は、制度について理解を深め、経済的に悩みを抱えた利用者やその家族に対して適切なアドバイスができるよう準備しておくことが望ましいといえるでしょう。

■ **非該当・要介護・要支援の内容**

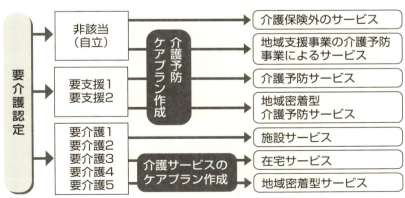

■ 予防給付と介護給付の種類

(予防給付)

	メニュー
在宅サービス	介護予防訪問介護　　　　　　　　介護予防訪問入浴介護 介護予防訪問看護　　　　　　　　介護予防訪問リハビリテーション 介護予防居宅療養管理指導　　　　介護予防通所介護 介護予防通所リハビリテーション　介護予防短期入所生活介護 介護予防特定施設入居者生活介護　介護予防短期入所療養介護 特定介護予防福祉用具購入費支給　介護予防福祉用具貸与 住宅改修
施設サービス	給付なし
地域密着型	介護予防認知症対応型共同生活介護 介護予防認知症対応型通所介護 介護予防小規模多機能型居宅介護
ケアプラン	介護予防支援（予防プランの作成）

(介護給付)

	メニュー
在宅サービス	訪問介護　　　　　　　　　　訪問入浴介護 訪問看護　　　　　　　　　　訪問リハビリテーション 居宅療養管理指導　　　　　　通所介護 通所リハビリテーション　　　短期入所生活介護 短期入所療養介護　　　　　　特定施設入居者生活介護 福祉用具貸与・特定福祉用具購入費支給 住宅改修
施設サービス	指定介護老人福祉施設　　　　介護老人保健施設 指定介護療養型医療施設
地域密着型	夜間対応型訪問介護　　　　　　　認知症対応型通所介護 認知症対応型共同生活介護 地域密着型介護老人福祉施設入所者生活介護 地域密着型特定施設入居者生活介護 小規模多機能型居宅介護 定期巡回・随時対応型訪問介護看護　　地域密着型通所介護 複合型サービス
ケアプラン	居宅介護支援（ケアプランの作成）

※平成26年6月に成立した医療介護総合確保推進法により、介護予防訪問介護と介護予防通所介護は
　平成29年度末までに介護予防・日常生活支援総合事業へ移行予定

ケアマネジメント・ケアプランについて知っておこう

課題を分析してケアプランを作成する

● ケアプランとは何か

ケアプランとは、要支援者や要介護者の心身の状況や生活環境などを基に、利用する介護サービスの内容などを決める計画のことです。

ケアプランは、たとえば「月曜日の15時～16時に訪問介護のサービスを受ける」というように、1週間単位でスケジュールが組まれるものです。そのため、サービスの種類と提供を受ける日時については1週間単位となりますが、実際に要介護者や要支援者の行動予定を考える際に基準となる時間については、1日24時間単位で詳細にわたり考えられることになります。

● ケアプランの種類

要支援認定を受けた人がサービスを受けるために立てるプランを**介護予防ケアプラン**といいます。要支援者への介護予防のケアマネジメントを担当するのは地域包括支援センターで、プラン作成を担当するのは、支援センターの保健師などです。

また、要介護認定を受けた人向けのプランには、居宅サービス計画と施設サービス計画があります。**居宅サービス計画**は、在宅でサービスを受ける場合のプランです。施設に入所してサービスの提供を受ける場合のプランが**施設サービス計画**です。

なお、要介護者向けのケアプランは、利用者のニーズによってスケジュールの内容が異なります。主なモデルとして、①通所型、②訪問型、③医療型などがあります。

第5章　介護保険と介護報酬のしくみ

● ケアプランを作成する場合

　要介護者のケアプランを作成する介護保険のサービスを**居宅介護支援**（要支援者のケアプラン作成については介護予防支援）といいます。このサービスの担い手はケアマネジャーです。保険料の滞納などがない限り、現在のところ、ケアプランの作成費用は介護保険から全額支払われます。ケアプランの作成には、専門的な知識が必要です。このため、ケアマネジャーは専門家としてケアプランに対するアドバイスを行います。ケアプランの作成を担う事業者を指定居宅介護支援事業者といい、事業者リストは市区町村の窓口に設置されています。

　なお、自身でケアプランを作成する場合は支給限度基準額の範囲内にサービスを抑える必要があります。作成時の注意点は、サービス利用料が償還払い方式であることです。償還払いとは、サービス事業者や施設に費用の全額を支払い、後で保険者より費用の全部または一部の払戻しを受けることで、利用時に支払った金額の領収書が必要です。

● さまざまな場合におけるケアプランの作成

　要支援・要介護認定を受けた人の手続きは、①アセスメント（ケアプランを作成する際に行う課題分析）、②ケアプラン作成、③プランに沿ったサービス利用、④再アセスメント、といった流れになります。

　特に、要介護認定を受けた場合に受ける通所型のケアプランは、主に要介護者自身が施設に出向きサービス提供を受ける流れで作成します。また、訪問型の場合は、主に要介護者の自宅に事業者が出向いてサービスを提供する流れ、医療型の場合は、医療サービスを受ける必要性の高い人が利用する流れで作成します。また、施設に入所する場合には、入所先の施設がケアプランを作成します。これは施設サービス計画とも呼ばれ、自分で作成することはできず、施設に所属するケアマネジャーが作成します。施設サービスの目的は、原則として要介護者の自宅への復帰であるため、各要介護者に適したケアプランを作

成の上、施設のスタッフがチームを組んで目標達成に向けてサービスの提供を行います。

■ ケアプラン作成からサービス利用まで

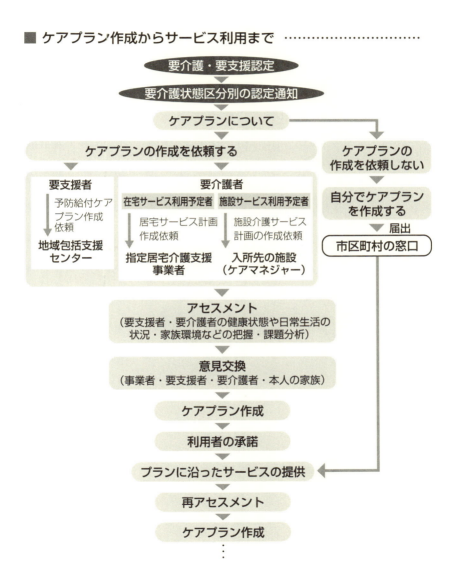

5 介護報酬はどのように決まるのか

基本の報酬部分に加えて、各種の加算が行われる

● 介護報酬とは

介護報酬とは、事業者が利用者に介護サービスを提供した場合に保険者である市区町村から支払われるサービス費用のことです。

介護報酬は訪問介護や訪問入浴介護などの介護サービスの費用に応じて定められ、各事業者の体制や、利用者の状況に応じて加算・減算されます。なお、介護報酬は3年ごとに見直しが行われ、これを介護報酬改定といいます。平成27年度に、第6期として介護報酬改定と支給限度額の見直しが行われました。

介護保険では、サービスの単価を単位と呼ばれる指標で設定しています。設定金額は原則として1単位10円で、月ごとに集計したサービスの単位数の合計に10を乗じた金額が、その月に事業者が提供したサービスの対価になります。たとえば、訪問介護のうち、20分以上30分未満の身体介護については、介護報酬が245単位です（平成27年度の介護報酬）。このサービスを1か月に4回提供した場合、245単位×10円×4回となり、9800円が事業者の受ける介護報酬ということになります。

介護保険は費用の1割をサービスの利用者が負担するしくみになっていますので、サービスの対価のうち1割を利用者が負担し、残りの9割を市区町村から受け取ることになります（ただし、所得が一定以上の人の自己負担割合は2割です。184ページ）。原則の1割負担で考えると、前述した例でいえば、9800円の1割にあたる980円が利用者の自己負担分となります。

● さまざまな加算が行われる

　介護報酬については、基本の報酬部分に加えて、さまざまな加算が行われます。たとえば、職員のキャリアを考慮したサービス提供体制強化加算があります。具体的には、介護福祉士、常勤職員、3年以上の勤続年数のある人などを一定割合雇用している事務所にはサービス提供体制強化加算が適用されます。

　その他、医療との連携や認知症への対応を強化するための加算もあります。医療との連携については、居宅介護を受けている人が入院した場合の対応などにつき加算が認められています。

　また、介護報酬は、地域差を考慮した上で、その額が変動されるしくみになっています。介護報酬の単価は、原則として1単位10円ですが、それに加えて地域ごとの加算や人件費の割合を考慮して事業者が受け取る介護報酬を計算することになります。たとえば、一部の中山間地域（平野の外側から山間部にかけての地域のこと）などに所在する小規模事業所が行う訪問介護などのサービスについても加算があります。

■ 介護サービスの実施と介護報酬の支払い

①要介護・要支援の認定申請・認定 → 市区町村
③介護給付費の支払い（原則として介護報酬の9割）市区町村 → 介護事業者
②介護サービスの実施 介護事業者 → 利用者

6 介護報酬請求事務について知っておこう

事業者は必要書類を作成して介護報酬請求を行う

● 請求事務の流れ

　介護施設において、介護保険適用対象の介護サービスの提供が行われると、その費用に関しては、後に、支払業務の委託を受けている国民健康保険連合会（国保連）から支払われることになります。

　その前提として、介護施設は、介護給付体制届等の必要な書類を、事前に提出しておく必要があり、事前の必要な手続きをしておかないと、介護施設の運営にとって重要な事業収入を適切に得ることが困難になってしまうおそれがあるため、注意が必要です。

　実際に介護サービスの提供を行った介護施設は、正確なサービス提供実績に基づいて、**介護給付費請求明細書**（一般に**レセプト**と呼ばれています）を作成し、国保連合に提出の上、介護報酬請求を行うことになります。そして国保連では、請求明細書の審査等を行い、明らかな問題点が見つからない場合には、介護施設に支払われます。

● 利用者の負担額の確認

　介護保険サービスを利用した場合に、利用者が負担する額は、原則として介護サービスにかかった費用の1割です。したがって、9割に関しては介護保険から賄われることになります。なお、一定以上の所得がある利用者に関しては、現在では、自己負担額が、原則として2割として扱われています。

　もっとも、介護施設を利用する利用者は、サービスを受けるにあたって必要な費用は、すべて介護保険から支給されるわけではありません。たとえば、入所型の施設では水道費・光熱費などの居住費、食

費、日常生活費に関しては、全額自己負担になりますので、介護施設は、これらの費用については、直接利用者に対して請求することになります。

ただし、所得の低い利用者や、1か月の利用料があまりにも高額になった利用者に対して、介護サービスを受ける機会を奪わないように、必要に応じて、必要な費用に関して、負担の軽減措置が設けられています。

● 施設サービスを利用したときの食費や居住費用の扱い

介護報酬請求の対象になるのは、介護保険適用の費用に限られ、居住費等の費用は、原則として利用者が自己負担する費用であり、介護施設は、利用者に対して直接支払いを請求する必要があります。

居住費（家賃・光熱費）と食費をあわせて**ホテルコスト**と呼んでいます。平成17年の介護保険法改正以前は、ホテルコストについても、介護保険が適用されていました。しかし、在宅型のサービスを受ける利用者は、光熱費や家賃などを自己負担していたにもかかわらず、入所型の介護サービスを利用する人は、要介護度に応じて、基本的に1割の自己負担と毎日の食事代程度でした。この不公平をなくすため、現在は自己負担を支払うのみでした。このような不公平感を是正する目的で、ホテルコストについては、原則として利用者の自己負担額とするという取扱いになりました。

介護施設のホテルコストが、原則として自己負担になる対象は、特別養護老人ホーム、老人保健施設、介護療養型医療施設の3施設で、短期間施設に入所する（ショートステイ）場合にも適用されます。

もっとも、ホテルコストの自己負担は低所得者にとっては、過度な負担になるため、それを軽減するための**補足給付**という制度があります。これは、入居者が市町村民税非課税世帯である場合に、申請によりホテルコストの負担額を軽減する制度です。

なお、標準的に想定されている自己負担額は、食費に関しては食材料費と調理コスト相当額を合わせて、約5万円程度が想定されています。また、居住費用に関しては、個室か相部屋かにより金額が異なりますが、個室であれば月額約6万円程度、そして、相部屋については月額約1万円程度が、自己負担額として念頭に置かれています。

● 集計・計算するときの注意

　介護報酬請求を行うためには、介護施設は、介護給付費請求明細書（レセプト）を作成しなければならず、1か月に1回程度、行った介護サービスの集計・計算を行います。

　基本的に、介護報酬額の計算は、介護サービスごとに定められている単価に基づき、サービスの提供頻度の席により集計されることになります。つまり、介護費用総額＝1か月の合計利用単位数×単価により計算されます。

　なお、介護報酬請求は、サービスを提供した翌月10日までに提出しなければ、請求が翌月に持ち越されてしまうことになりますので、期限を守る必要があります。

● 国保連に請求する

　介護報酬の請求先は、介護報酬支払業務を委託された国保連に対して行います。国保連では、提出された介護給付費請求明細書（レセプト）に基づき、支払いの有無を判定することになりますが、その判定にあたり、国保連は、基本的に書面審査のみを行います。したがって、書類上、明らかな不正等の痕跡が認められない場合には、原則として、請求通りに介護報酬が支払われることになります。

　なお、期限日までに提出された介護給付費請求明細書に基づき、国保連は、サービス提供の翌々月の25日に、介護施設に対して入金を行います。

第6章

施設運営に必要な
その他の事項

感染症対策について知っておこう

感染源を介護施設に持ち込ませることを防ぐことが基本の対策になる

● 感染症対策はとても重要である

　介護施設の利用者は、その多くが高齢者であるという特徴があります。高齢者は、**感染症**に対する抵抗力が弱く、そのため、一度感染症が発生すると、たとえば、入所型の介護施設では、集団生活している他の高齢者等に対する集団感染のおそれがあります。

　そのため、介護施設は、感染症が非常に広がりやすい状況にあることを認識する必要があります。その一方で、感染自体を完全になくすことはできないため、実際に感染症が発生した場合には、被害を最小限に抑えることが必要になります。

　そこで、介護施設としては、感染症予防の体制を整備し、日頃から対策を徹底しておくと共に、感染症発生時に迅速かつ適切に対応できる体制を整えておくことが重要になります。

● 事前にどのような対策をしておくべきか

　主要な感染経路は、施設外から細菌・ウイルスが持ち込まれる場合がほとんどです。

　そこで、介護施設としては、事前の対策として、面会者や利用者など介護施設に訪問する人に対して、施設に入る前の手洗いや、手指の消毒を依頼すること、咳・くしゃみをしている人にはマスクをしてもらい、感染の疑いがある人等には、介護施設への訪問を控えてもらうことが必要です。

　また、感染症対策の重要性を、介護職員等にはもちろん、利用者やその家族等にも周知するために、施設の入口などに、感染症対策に関

するポスターを掲示するなど、啓蒙活動を行うことも重要です。

● 外部から持ち込まれないようにする

　感染症の主な感染経路には、接触感染、飛沫感染、空気感染、血液媒介感染などが挙げられます。

　接触感染とは、経口感染も含みますが、手指・食品器具を通じて感染症が広がることをいいます。**飛沫感染**とは、咳・くしゃみ・会話などで、飛沫粒子が拡散することにより拡大する経路をいいます。飛沫感染は、1m以内の床に落下し、空中を浮遊し続けることはないという点で、空気感染よりも感染範囲が狭いという特徴があります。

　空気感染も同様に、咳・くしゃみなどで感染が拡大しますが、感染症の原因菌等が空中に浮遊し、空気の流れにより広範囲に飛散します。そして**血液媒介感染**とは、病原体に汚染された血液や体液・分泌物が、注射針の使い回しなどの事故などによる感染をいいます。

　感染経路を遮断するためには、①感染源を持ち込まないこと、②感染源を持ち出さないこと、③感染源を拡げないことが基本になります。

　中でも、介護施設において流行しやすい感染症は、その感染源が施設内で新たに生まれることは、まずあり得ません。つまり、新規入所者等・職員・家族等の面会者などが、施設外で感染して施設内に持ち込むことが多いということです。

　したがって、介護施設における感染対策の基本は感染症の感染源を施設の外部から持ち込まれることを防ぐことです。

● 施設内で気をつけること

　介護施設の感染症対策の基本は、感染源が持ち込まれることの防止です。利用者はもちろん、その家族等にまで、手洗いやうがいを積極的に推奨すると共に、施設全体の清掃が重要です。また、特に介護職員は、血液・体液・分泌物・嘔吐物・排泄物などを扱うときは、手袋

を着用すると共に、これらが飛び散る可能性のある場合に備えて、マスクやエプロン・ガウンを着用しましょう。

　なお、介護施設の感染症予防にあたり、標準予防措置策（スタンダード・プリコーション）が1つの指針になります。これは、米国で提唱された感染対策のガイドラインで、血液・体液・分泌物・吐しゃ物・排泄物・創傷皮膚・粘膜などが、感染の危険性が高いとして、特に慎重な取扱いを求める指針を基本にしています。

感染症の症状

　感染症は、それぞれ特有の症状を持っている場合もありますが、一般的に共通する症状としては以下の症状が挙げられます。介護施設側が、利用者はもちろん、職員等にこれらの症状が発現したことを認識した場合には、速やかに対策を講じる必要があります。

　まず、ノロウイルスや腸管出血性病原性大腸菌感染症など、主な食中毒の症状は、吐き気、嘔吐、下痢、腹痛であり、発熱は軽度です。

　次に、介護施設で多く流行するインフルエンザについては、高熱や全身の関節痛・筋肉痛、咳、鼻水など、一般の風邪症状よりも強い症状が現れます。また、近時流行の兆しがある、結核菌に関しては、咳や痰・微熱などが長期間継続するというように、慎重な見極めが求められます。

感染症が発生した場合はどうする

　介護施設において、実際に感染症が発生してしまった場合には、①発生状況の把握、②感染拡大の防止措置、③必要な医療処置の実施、④行政や関係機関への報告等という流れで、迅速な対応が必要になります。介護施設は、発生した感染症等について、詳しい状況や措置等を記録しておき、必要に応じて医療機関等へ感染者を移送すると共に、自治体や保健所に報告して、指示を仰ぐようにしましょう。

消防法で求められる規制について知っておこう

設置基準に合わせて義務付けられている消防用設備を設置しなければならない

● 店舗にはどんな消防用設備を備える必要があるのか

　介護施設は、不特定多数の高齢者が出入りするので、いったん火災が発生すると、大惨事に至ることもあります。そこで、消防関係の手続きについて十分な理解と準備をしなければなりません。

　特に、認知症を患っている高齢者が入所しているグループホームでの火災事故等によって多数の死亡者が発生したことを受けて消防法施行令が改正され、認知症高齢者グループホームなどにおける火災時に自力で避難することが困難な人が入所する施設などを中心に、消防設備等に関する基準は一般に厳しくなっている傾向にあります。

　また、介護施設を建築するところから始める場合には、構造や素材の制約があるので、建築計画の段階から管轄の消防署と綿密な打ち合わせをする必要があります。消防法には、**防火対象物**という概念が設けられています。防火対象物は、不特定多数の人間が出入りするため、万が一火災が発生すると、甚大な被害が発生します。そのため、一般の建造物よりも防火に対する管理は高度なものが要求されることになります。消防法施行令別表第１によると、介護施設は、訪問型・入所型の施設ともに、防火対象物にあたることが明記されています（同施行令別表第二(六)ロ・ハ）。

　消防用設備には、警報設備、消火設備、避難設備の３つがあります。

① **警報設備**

　自動火災報知設備、ガス漏れ火災警報設備、漏電火災警報器、消防機関へ通報する火災報知設備、非常警報器具・非常警報設備（非常ベル、自動式サイレン、放送設備）があります。

第６章　施設運営に必要なその他の事項

② 消火設備

消火器・簡易消火用具、屋内消火栓設備、スプリンクラー設備、水噴霧消火設備、泡消火設備、不活性ガス消火設備、ハロゲン化物消火設備、粉末消火設備、屋外消火栓設備、動力消防ポンプ設備があります。

③ 避難設備

避難器具（滑り台、避難はしご、救助袋など）、誘導灯・誘導標識があります。

● 介護施設は定期点検報告制度の対象になっている

防火対象物の関係者は、防火対象物に設置された消防用設備等や特殊消防用設備等を定期的に点検する必要があります。この点検は、消防整備士の免状を受けている者や消防設備点検の資格を有する者に行わせなければなりません。その結果は、消防長や消防署長に報告します。これを**定期点検報告制度**といいます。

点検が必要な防火対象物は以下のようになります。介護施設等を含む特定防火対象物で、延べ面積が1000㎡以上のものは点検が必要です。また、特定防火対象物以外の防火対象物で、延べ面積が1000㎡以上であり、消防長か消防署長が指定しているものに関しても、点検が義務付けられています。さらに、特定用途に用いられる部分が避難階以外の階にある防火対象物で、避難階以外の階から避難階や地上へ直通する階段が２つ以上設けられていない場合にも点検を受ける必要があります。

● 入所型の介護施設に設置しなければならない消防用設備

介護施設に消防設備を設置しなければならない場合であっても、構造が異なれば、設置しなければならない消防用設備も異なってくるということに注意が必要です。

ここでは、養護老人ホームや特別養護老人ホーム、有料老人ホーム

■ 消防用設備等

- **消火設備**
  - 消火器
  - 簡易消火用具（水バケツ、水槽、膨張真珠岩など）
  - 屋内消火栓設備
  - スプリンクラー設備
  - 水噴霧消火設備
  - 泡消火設備
  - 不活性ガス消火設備
  - ハロゲン化物消火設備
  - 粉末消火設備
  - 屋外消火栓設備
  - 動力消防ポンプ設備

- **警報設備**
  - 自動火災報知設備
  - ガス漏れ火災警報設備
  - 漏電火災警報器機
  - 消防機関へ通報する火災報知設備
  - 非常警報器具（手動式サイレン、携帯用拡声器など）
  - 非常警報設備（非常ベル、自動式サイレンなど）

- **避難設備**
  - 避難器具（滑り台、避難はしごなど）
  - 誘導灯、誘導標識

- **消防用水**
  - 防火水槽
  - 貯水池

- **消火活動上必要な施設**
  - 排煙設備
  - 連結散水設備
  - 連結送水管
  - 非常コンセント設備
  - 無線通信補助設備

など、入所型の介護施設に設置しなければならない消防用設備に関して見ていきましょう。

　なお、入所型の介護施設には、認知症グループホームなどの自力避難困難者が入所する施設も多く、これらの施設で火災等が起きた場合には、避難困難な高齢者が多く犠牲になる危険性が、非常に高いといえます。そこで、自力避難困難者が入所する介護施設等において、入所者が10名以上の施設に関しては、防火管理者を選任して、防火管理業務を行わせることを義務付けています。**防火管理者**とは、介護施設等における高齢者など多数の人が利用する建物が、火災によって受ける被害を防止するために、消防計画を作成し、消火・通報・避難訓練等の実施や、消防用設備の点検・整備など、火気の管理や防火管理に関する業務を計画的に行う責任を負う人を指します。防火管理者を置く介護施設で火災が起きた場合、警察や消防機関とのやりとりにおいて、責任を負うのは防火管理者です。防火管理に不備などがあれば、責任を追及されるおそれがありますので、可燃物の管理や火災の際に、初期消火を行う人の選定などが特に重要です。

　入所型の介護施設に設置しなければならない警報設備に関して、自動火災報知設備および消防機関への通報のための火災報知設備は、すべての施設に設置しなければなりません。地階の床面積の合計が1000㎡以上の施設は、ガス漏れ火災報知設備を設けなければならず、延べ面積300㎡以上の施設は漏電火災報知器の設置義務を負います。そして、収容人員が50名以上の施設（地階、無窓階は収容人員が20名以上）には、非常警報設備が必要であり、収容人員が20名以上50名未満の施設には非常警報器具を設置し、原則として収容人員が300名以上の場合には、放送設備（ベル・サイレン）を設置しなければなりません。

　次に、消防用設備に関して、消火器については、すべての施設が備えていなければなりません（指定可燃物を規定の500倍以上扱っている施設では、大型消火器の設置が必要です）。

また、原則として延べ面積700㎡以上の場合、または、地階、無窓階、4階以上で床面積が150㎡以上の階には、屋内消火栓の設置が必要になると規定されています。他の設備に関しても同様ですが、同種・同等の介護施設であっても、条件が異なると設置しなければならない消防用設備が変わることがあるため、注意が必要です。そして地上2階までの床面積の合計が3000㎡以上である場合には、原則として、屋外消火設備の設置が義務付けられています。
　なお、スプリンクラー設備に関して、入所型の介護施設においては、すべての施設に設置義務があります。もっとも、平成30年3月末日までは経過措置期間が認められています。
　そして、避難設備については、原則として収用人員20名以上の施設には避難器具を設置しなければならず、避難口誘導灯・通路誘導灯・誘導標識は、すべての施設が設置義務を負っています。

●訪問型の介護施設に設置しなければならない消防用設備

　次に、老人デイサービスセンター・軽費老人ホーム・老人福祉センターなど、訪問型の介護施設に設置しなければならない消防用設備に関して見ていきましょう。
　訪問型の介護施設に設置しなければならない警報設備に関して、入居・宿泊用の施設については、原則としてすべての施設に、自動火災報知設備を設置しなければなりません（平成30年3月末日までの期間は経過措置が認められています）。入居・宿泊に用いない施設に関しては、床面積300㎡以上の施設であれば、自動火災報知設備の設置義務を負います。ガス漏れ火災報知設備は、地階の床面積の合計が1000㎡以上の施設に設置しなければならず、漏電火災報知器は、延べ面積300㎡以上の施設に設けなければなりません。
　また、消防機関へ通報する火災報知設備は、延べ面積500㎡以上の施設に設置義務が生じます。さらに、非常警報設備については、収用

人員に応じて、設置義務の有無が定められています。収容人員50名以上の施設に非常警報設備の設置が義務付けられています（地階、無窓階の場合は、収容人員20名以上）。収容人員20名以上50名未満の場合には、非常警報器具を設置しなければならず、収用人員300名以上で、地階を除く階数が11以上、または、地階の階数が3以上の施設には、放送設備（ベル・サイレン）の設置義務が発生します。

次に、消防用設備に関して、消火器については、原則として延べ面積150㎡以上で地階、無窓階、3階以上の床面積が50㎡以上の施設は備えていなければなりません。また、スプリンクラー設備については、平屋以外の施設は床面積の合計が6000㎡以上の場合に設置しなければなりません。さらに、地階、無窓階では床面積1000㎡以上の施設に、そして、4階から10階以下の施設では、床面積1500㎡以上の場合にも、スプリンクラー設備の設置が必要になります。11階以上の施設では、原則としてすべての施設に設置しなければならないと、消防法において規定されています。

なお、屋内消火栓設備・屋外消火栓設備、そして、避難設備の設置基準は、入所型の施設と同様になっています。

■ その他の主な消防用設備

設置義務のある消防用設備	入所型の介護施設	訪問型の介護施設
連結散水設備	地階の床面積の合計が700㎡以上の場合	地階の床面積の合計が700㎡以上の場合
連結送水管	・地階を除く階数が7以上 ・地階以外の階数が5以上で延べ面積6000㎡以上 ・道路に使用されている部分がある施設	・地階を除く階数が7以上 ・地階以外の階数が5以上で延べ面積6000㎡以上 ・道路に使用されている部分がある施設
非常用コンセント設備	地階を除く11階以上	地階を除く11階以上

金銭管理が必要な場合について知っておこう

責任者を明確にすると共に記録等を残して金銭管理を行う

● 施設が金銭管理をするケースも考えられる

　特に、入所型の介護施設においては、利用者は高齢であるにもかかわらず、親族がいない場合や、親族がいたとしても遠方に居住しているために、なかなか施設に様子を見に来ることができず、利用者の金銭管理が問題になります。

　そこで、介護施設が利用者に代わって、金銭管理を行う場合があります。しかし、入所型でも訪問型サービスでも、利用者の金銭管理は、非常に繊細な問題を抱えています。特に、利用者が認知症を患っているような場合には、被害妄想などが原因になって、介護職員が利用者の金銭を盗み取ったなどと、利用者が訴えるなどのトラブルに発展するおそれがあります。お金の問題に繊細になっているケースも少なくありません。そのために、介護施設では利用者の金銭管理を行う場合には、あらかじめ、慎重に利用者の金銭の取扱いに関するマニュアルを徹底しておく必要があります。

● どんな金銭管理をするのか

　利用者の金銭を預かる場合、あらかじめ利用者本人またはその家族との間で、契約において金銭管理に関する規程を定めておきましょう。規程を設けておくことで、金銭管理に関する明確な基準を明らかにしておくことができ、金銭管理をめぐるトラブルを防止することができます。

　まず、介護施設が金銭管理を行う場合は、例外的な場合に限られ、原則として利用者またはその親族等が金銭管理を行うことを基本にし

ます。介護施設が金銭管理を行う場合には、金銭管理の責任者を明確にしておく必要があります。この場合、通常は施設の所長等が責任者になります。

そして、利用者から、預金通帳や現金を預かった場合には、収支を明らかにするため、会計管理の原則に従い、利用者ごとに記録を残し、利用者の家族等が求めた場合など、必要に応じて、金銭管理状況について、いつでも開示できるように整えておく必要があります。

なお、介護施設が行う金銭の具体的な管理業務として、日常生活における利用者の現金の受払いに関する事項、利用者の年金の受払いに関する事項、利用者の国民健康保険料・介護保険料・その他医療費の支払いや請求に関する事項、利用者の預貯金証書・年金証書・印鑑の管理などが挙げられます。

たとえば、利用者に代わって、介護施設が必要な物資等を購入した場合には、利用者が具体的な依頼内容を記載した書面・購入の際に受け取った領収証をしっかり保管すると共に、金銭の収支に関して正確に記録を残さなければなりません。利用者が高齢であることから、トラブルを防止するために、預かった金銭の額と実際に購入した物品と、その領収証を突き合わせて、利用者に対して、その都度わかりやすく説明を行うことを心がける必要があります。

金銭管理において、介護施設が預かった物等は、紛失等があってはなりませんので、たとえば、印鑑や預貯金通帳等は、介護施設内の金庫で保管・管理することが求められます。また、現金をそのまま管理することは極力避けて、速やかに利用者本人の銀行口座等に入金して管理することが望ましいといえます。

なお、利用者が死亡した場合の他、親族等、金銭管理を行うことができる人が現れた場合などに、介護施設による金銭管理は終了します。その際、印鑑や預金通帳、現金など利用者の金銭管理に必要な物一切について、介護施設側から親族等に速やかに渡す必要があります。

> **Q** 入居者の中には判断能力が衰えていると思われる人がいるのですが、財産管理などの点で有効に利用できる制度はあるのでしょうか。

 施設の利用者の判断能力に不安を覚える場合、まずは、利用者の家族に相談することになるでしょう。施設側が金銭管理するという方法もありますが、施設の利用者とはいえ他人の財産を管理するのは困難という場合もあります。このような場合に有効に利用できる制度が**成年後見制度**です。成年後見制度とは、精神上の障害が理由で判断能力が不十分な人が経済的な不利益を受けることがないように、支援してもらえる人（成年後見人等と呼ばれます）をつける制度です。精神上の障害とは、知的障害や精神障害、認知症などです。

成年後見制度は、法定後見制度と任意後見制度からなります。

法定後見の場合には、家庭裁判所が選任した成年後見人等が、本人の財産管理の支援、介護保険などのサービス利用契約についての判断など、福祉や生活に配慮して支援や管理を行います（ただし成年後見人等の仕事に含まれないものもあります）。判断能力の程度によって後見・保佐・補助の3つの制度があります。後見は判断能力が欠けている人、保佐は判断能力が著しく不十分な人、補助は判断能力が不十分な人を対象としています。

法定後見制度を利用する場合、本人の住所地を受け持つ家庭裁判所に後見等開始の審判の申立てを行います。本人が申立てをすることができない状況の場合には、本人の配偶者や四親等以内の親族、検察官が申立てをすることができます。四親等内の親族とは、配偶者と四親等内の血族・三親等内の姻族（配偶者の親族を本人から見た場合、姻族と呼びます）を指します。申立時には、申立書及び申立事情説明書、親族関係図、本人の財産目録及びその資料、診断書などの書類を提出します。成年後見制度を利用すると、成年後見人等に認められている

権限の範囲などが登記されます。

●任意後見とは

　任意後見とは、将来、自分の判断能力が衰えたときのために、受けたい支援の内容と、支援をしてもらえる任意後見人（任意後見受任者）を決めておき、あらかじめ公正証書による契約をしておく制度です。

　任意後見が実際に開始される前に、支援する人と本人の間で将来の後見事務について取り決める契約を任意後見契約といいます。任意後見の契約書は、本人と任意後見受任者が公証役場に出向いて、公正証書で作成します。公証役場では、本人の意思と代理権の範囲などを公証人が確認します。任意後見契約書を作成した後、公証人は、管轄の法務局に任意後見契約の登記を嘱託します。法務局では任意後見契約について、本人と任意後見受任者が誰であるか、代理権の範囲がどの程度であるか、といった内容が登記されます。

　本人と任意後見受任者の間で任意後見契約を結んだだけでは、効力は発生せず。将来、本人の判断能力が不十分になったときに、任意後見人（任意後見受任者）などが家庭裁判所に任意後見監督人選任の申立てを行うことで、任意後見が開始されます。

■ 成年後見人等の仕事に含まれないもの

法律行為や事実行為	例
実際に行う介護行為などの事実行為	料理・入浴の介助・部屋の掃除
本人しかできない法律行為	婚姻・離縁・養子縁組・遺言作成
日常生活で行う法律行為	スーパーや商店などで食材や日用品を購入
その他の行為	本人の入院時に保証人になること 本人の債務についての保証 本人が手術を受ける際の同意

4 高齢者が加入する公的医療保険について知っておこう

高齢者は国民健康保険や後期高齢者医療制度に加入するケースが多い

● 医療保険制度はどうなっているのか

　医療保険とは、本人（被保険者）やその家族に病気・ケガ・死亡・出産といった事態が生じた場合に一定の給付や金銭の支給を行う制度です。日本の場合、個人で契約して加入する私的医療保険の他に、日本の全国民が医療保険に加入することができる公的医療保険制度が整えられています（国民皆保険）。

　日本の公的医療保険制度には、労災保険、健康保険、船員保険、共済組合、後期高齢者医療制度などがあり、職業や年齢に従って利用できる医療保険制度を活用することになります。

　一般の会社員であれば、通常はケガや病気をしたときには、業務・通勤中の事故や病気であれば労災保険、業務外の事故や病気であれば健康保険という医療保険制度を利用します。

　これに対して、高齢者の場合、公的医療保険の中心となる制度は国民健康保険や後期高齢者医療制度です。

● 国民健康保険とは

　国民健康保険とは、社会保障や国民の保健を向上させるために設けられた医療保険の制度で、略して「国保」とも呼ばれています。

　加入者である被保険者の負傷、疾病、出産、死亡などに関して、国民健康保険法に基づいた給付が行われます。

　国民健康保険の加入対象は、健康保険や船員保険などが適用されない農業者、自営業者、そして企業を退職した年金生活者などで、現住所のある市区町村ごとに加入します。

国民健康保険料の料率は市町村により異なり、被保険者の前年の所得や世帯の人数などを加味した上で定められます。

　国民健康保険の給付は、基本的には会社員の加入する健康保険とほぼ同じで、具体的な給付内容は下図の通りです。

● 国民健康保険が効かない薬や治療

　治療内容や調剤の中には、国民健康保険制度ではカバーすることができないものもあります。

　たとえば、**差額ベッド代**などが挙げられます。差額ベッド代とは、差額室料とも呼ばれるもので、病気やケガで入院する場合に「気を遣いたくない」などの理由から、個室もしくは少人数制の病室を希望し

■ 国民健康保険の給付内容

種　類	内　容
療養の給付	病院や診療所などで受診する、診察・手術・入院などの現物給付
入院時食事療養費	入院時に行われる食事の提供
入院時生活療養費	入院する65歳以上の者の生活療養に要した費用の給付
保険外併用療養費	先進医療や特別の療養を受けた場合に支給される給付
療養費	療養の給付が困難な場合などに支給される現金給付
訪問看護療養費	在宅で継続して療養を受ける状態にある者に対する給付
移送費	病気やケガで移動が困難な患者を医師の指示で移動させた場合の費用
高額療養費	自己負担額が一定の基準額を超えた場合の給付
高額医療・高額介護合算療養費	医療費と介護サービス費の自己負担額の合計が著しく高額となる場合に支給される給付
特別療養費	被保険者資格証明書で受診した場合に、申請により、一部負担金を除いた費用が現金で支給される
出産育児一時金	被保険者が出産をしたときに支給される一時金
葬祭費・葬祭の給付	被保険者が死亡した場合に支払われる給付
傷病手当金	業務外の病気やケガで働くことができなくなった場合の生活費
出産手当金	産休の際、会社から給料が出ないときに支給される給付

た場合にかかる費用のことです。この差額ベッド代が必要となる病室は、原則として個室〜4人までの部屋のことで**特別療養環境室**といいます。このような病室を選択することは、病気やケガの治療行為とは直接の関係がなく、よりよい環境を求めて行う行為であることから、保険の適用外とされています。

● 64歳以前の人とは取扱いが変わる

65歳以上の人の公的医療保険については、平成20年4月から施行されている高齢者の医療の確保に関する法律（高齢者医療確保法）により、64歳以前の人とは異なる医療保険制度が適用されています。

具体的には、65歳から74歳までの人を対象とした前期高齢者医療制度と、75歳以上（言語機能の著しい障害など一定の障害状態にある場合には65歳以上）の人を対象とした**後期高齢者医療制度**（長寿医療制度）が導入されています。

● 前期高齢者医療制度とは

前期高齢者医療制度とは、65歳〜74歳の人を対象とした医療保険制度です。前期高齢者医療制度は後期高齢者医療制度のように独立し

■ 高齢者の医療費の自己負担割合

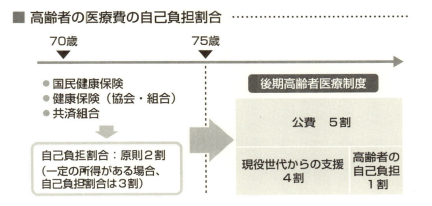

た制度ではなく、制度間の医療費負担の不均衡を調整するための制度です。

したがって、65歳になったとしても、引き続き今まで加入していた健康保険や国民健康保険から療養の給付などを受けることができます。ただし、保険者が居住する市区町村へと変わるため、就労中の場合は給料からの介護保険料の天引がなくなります。

医療費の自己負担割合については、69歳まではそれまでと同様に3割ですが、70歳の誕生月の翌月からは原則として2割となり、1割引き下げられます。ただし、70〜74歳の者であっても、一定以上の所得者（課税所得145万円以上の者）の場合には自己負担割合は3割です。

● 後期高齢者医療制度とは

後期高齢者医療制度は、75歳以上の人に対する独立した医療制度です。国民健康保険や職場の健康保険制度に加入している場合でも、75歳になると、それまで加入していた健康保険制度を脱退し、後期高齢者医療制度に加入します。75歳以上の人の医療費は医療費総額中で高い割合に相当するため、保険料を負担してもらうことで、医療費負担の公平化を保つことが、この制度が作られた目的です。

後期高齢者医療制度に加入する高齢者は、原則として、若い世代よりも軽い1割負担で病院での医療を受けることができます。利用者負担の金額が高額になった場合、一定の限度額（月額）を超える額が払い戻されます。医療保険と介護保険の利用者負担の合計額が高い場合にも、一定の限度額（月額）を超える額が払い戻されます。

後期高齢者医療制度については、制度開始直後はその内容をめぐって批判が噴出し、制度そのものの廃止が真剣に議論されるほどでした。しかし、当面は、拠出金の負担方法を見直すなど、制度のあり方を検討しつつ、現行制度の手直しをしながら継続されるものと見られています。

生活保護について知っておこう

福祉事務所の判断により、世帯ごとに受給が行われる

● 生活保護受給者の入居申請にどう対応するのか

　生活保護を受給している人であっても、施設に入所することは可能です。生活保護受給者が入所できる施設としては、主に、介護老人保健施設、介護老人福祉施設（特別養護老人ホーム）、養護老人ホームなどが挙げられます。

　なお、入居できる施設は公的な施設に限られているわけではなく、民間の施設であっても入居可能な場合があります。たとえば、有料老人ホームは、一般的に高額な費用を設定しているイメージが強いのですが、中には生活保護受給者に対応している施設も存在します。各施設によって対応が異なりますので、よく確認するようにしましょう。

　ただし、生活保護を受給しながらの施設入居には、各自治体の福祉事務所の判断が大きく影響を及ぼします。福祉事務所を通さずに勝手に入居手続きを進めてしまうと、後々になって入居が認められなかったというケースもあります。そのため、生活保護受給者から施設入居の相談を受けた際には、必ず担当のケースワーカーに連絡を取った上で話を進めていく必要があります。

● 生活保護はどんな人が対象なのか

　生活保護は、月々の収入が一定以下で、預貯金等の資産もない人に対し、さまざまな扶助を行う制度です。要保護者の最低限度の生活を維持することを目的としています。なお、生活保護は原則として個人ではなく、生計を同一にしている世帯ごとに受給が行われます。

生活保護を受給できるかどうかの大きな境になる審査項目のひとつが、扶養義務のある親族からの援助です。扶養義務のある親族による援助が期待できる場合は、生活保護を受けられないか、または受けられたとしても減額支給されることになります。

　扶養義務のある親族とは、3親等内の親族のことです。このうち、申請者の親、配偶者、子供、兄弟姉妹といった人は法律上扶養義務があることが明記されていることから、絶対的扶養義務者といわれ、生活保護を申請した場合に、まず、援助できないかが問われます。また、絶対的扶養義務者以外の3親等以内の親族（祖父母や叔父叔母など）については、過去や現在において申請者やその家族を援助している場合など、特別な事情がある場合には扶養義務を負います。この場合に扶養義務を負う人のことを相対的扶養義務者といいます。

● 生活保護の支給基準

　生活保護の具体的な支給額を決定する基準となる概念が**生活保護基準**です。生活保護基準は、その世帯の人数や年齢などによって決められており、ここから最低生活費（水道光熱費や家賃、食費など、生活に必要となる最低限の費用）が算定されます。生活保護基準の金額は市区町村によって異なり、物価の高い地域では基準額も高めに設定されています。なお、最近では平成28年4月に基準額が見直されています（第72次改定）。申請世帯が生活保護の受給対象となるかどうかは、世帯の収入認定額と生活保護基準で定められている最低生活費を比較して判断されます。収入認定額が生活保護基準額より少ない場合は、生活保護が支給され、支給額は原則として最低生活費から収入認定額を差し引いた金額になります。

● どんな給付が受けられるのか

　生活保護の扶助には8つの種類がありますが、介護サービスの費用

が生じた場合には、介護扶助が支給されることになります。たとえば、65歳以上の生活保護受給者が施設に入所した場合には、介護サービス利用料の9割が介護保険から支給され、残りの1割について生活保護の介護扶助が支給されることになります。これは、生活保護には他法優先の原則があるからです。これと同様に、障害福祉サービスを受けられる場合には、まずは障害福祉サービスの支給を受け、残りの部分を介護扶助がカバーすることになります。なお、介護扶助は、指定介護施設などに委託して行う現物給付が原則になっています。

世帯分離について

生活保護は世帯単位で保護を行う制度ですが、世帯の一部を同居の家族と分けて保護するために、**世帯分離**を行うことがあります。

たとえば、世帯員のうちに、稼働能力があるにもかかわらず収入を得るための努力をしない者がいる場合、このままではその世帯に属する全員が生活保護による扶助を受けることができません。そこで、他の世帯員が真にやむを得ない事情によって保護を要する状態にある場合には、世帯分離をすることによって、必要な扶助を受けることができるようになっています。

世帯分離は、常時介護を要する寝たきりの高齢者などがいる世帯で、生活保持義務関係にある者の収入が一定以下である場合や、長期間にわたって入院・入所する者がいる世帯で、世帯分離を行わなければその世帯が要保護世帯となる場合などにも認められています。ただし、世帯分離は、福祉事務所が具体的な事情をふまえた上で、その可否判断をするものです。したがって、要保護者やその家族が要望したからといって、必ず認められるような制度ではありません。

なお、世帯分離と異なる概念に**別世帯**があります。別世帯とは、家計だけでなく、生活の場も完全に別々であるという状況を意味します。両者の概念を混同しないように注意しましょう。

6 苦情対応や情報の公表について知っておこう

寄せられた苦情には適切に対応する必要がある

● 苦情処理とは

　介護施設に対して寄せられる**苦情**とは、職員が提供したケアやサービス内容、または利用者側に何らかの不都合・不利益などが生じる事柄に対する訴えをいいます。

　苦情が寄せられた場合、事業者側は、適切に対応する必要があります。たとえば、苦情を寄せた利用者側のプライバシーの保護のため個室を使用し、苦情受付担当者の他、複数の職員で担当する必要があります。そして、苦情内容を聴き取る際には、最後まで話を遮らないことが肝要です。専門的な立場や知識に基づき、高圧的な態度にならないように、対応する職員は、冷静に聴き取った内容について記録を残す必要があります。

　苦情を申し立てる利用者側にも、不満点や契約と異なる内容などについての現状を把握し、自分が事業者に求める内容を明確にしておくことが望まれます。苦情を受けた事業者の改善策が功を奏した場合には、この段階で解決する場合があります。解決しなかった場合には、市区町村の窓口に申し出ます。申し出を受けた市区町村は、該当する事業者に対して、指導したり助言を与えるといった対応をとります。また、苦情があったことは、市区町村から国民健康保険団体連合会（通称国保連）に報告されます。

● 情報公表をしなければならないのはなぜか

　介護保険制度では、介護サービス情報が公表されていますから、この公表制度を利用して、サービスを提供している事業者の情報を調べ

ることが可能です。つまり、利用者が介護サービスや事業所・施設を、比較・検討して、自分に適していると考える事業者や施設等を選ぶための情報を、都道府県が提供しているわけです。**介護サービス情報公表システム**では、インターネットを通じて、約20万か所にものぼる介護事業者に関する情報が公開されています。ホームページでは介護サービスの利用者やサービス利用者の家族が事業者を比較検討するために参考になる情報を提供しています。

公表される情報には、利用料金、職員体制などの基本的な事実情報である基本情報や、介護サービスの内容・事業所の運営状況といった事項についての運営情報などがあります。ホームページでは、事業者の情報について、サービス内容や住所、名称などから検索できるよう、情報が整理されています。これにより、利用者が、事業者の情報などを見比べて、より自分に適した事業者を選別し、その中から自分に合ったサービスを提供する事業者を選ぶことが可能になります。

■ 苦情について

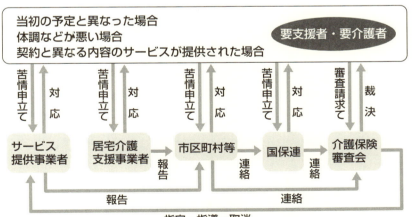

第6章 施設運営に必要なその他の事項

マイナンバーについて知っておこう

重要な情報であるため、厳格な管理が必要になる

● マイナンバー制度とは

　マイナンバー制度は、住民票を持つすべての個人または法人を対象に番号を与えて、社会保障や租税等の手続きにおける事務処理を行うことを想定した制度です。

　平成27年10月から個人や法人に対して番号の通知が開始され、平成28年1月1日から実際の制度の運用が開始されています。個人のマイナンバーを含む個人情報（**特定個人情報**）によって、複数の情報が結びつけられて一元的に管理されることで、手続きに必要な書類等を収集することが容易になり、行政サービスが利用しやすくなることを目的としています。

● 本人確認措置

　施設側が従業員からマイナンバーの提示を受ける場合には、本人確認手続が必要です。方法に関しては、マイナンバー制度の運用が開始される平成28年1月の段階では公的認証機関の整備等が完了していないため、即座に導入することが困難です。将来的にはオンライン手続で本人確認手続を行うことが予定されていますが、当面の間は対面による確認と書面を送付することによって行う確認の2つがメインになっています。

　対面方式はもっとも直接的でわかりやすい方法です。マイナンバーを提示する者自身が出向き、書類の提出時に必要書類を提示して本人確認手続を行います。一方、書面の送付方式による確認は、対面による本人確認手続で必要になる書類等（写しなど）を担当部署に送付し、

本人確認事務を行う部署が確認することで本人確認手続を行います。

なお、扶養家族分の個人番号については原則として必要書類に扶養家族の個人番号を記載するのみで足り、別途本人確認手続は不要です。

● 介護施設には管理義務が課せられている

マイナンバーは個人のプライバシーに関わる非常に重要な情報であり、その取扱いには慎重さが求められます。施設側は従業員等から提示された個人番号等の管理・利用を適切かつ厳格に行わなければなりません。取得段階に加え、スタッフ・従業員等の退職時や不要時の個人番号等の適切な廃棄システムを構築する必要があります。

なお、マイナンバー制度の運用が正しく行われているのかを監視・監督する個人情報保護委員会には、立入検査や関連する資料の提出を要求し、必要に応じてマイナンバーの運用に関する指導・助言、勧告や命令を出すことができます。

特定個人情報の適正な取扱いに関するガイドラインでは、民間企業のマイナンバーに関する安全管理措置の手順について定めています。

具体的には、①マイナンバーを取り扱う事務範囲の明確化、②事務処理のために必要なマイナンバーに関する情報（特定個人情報）の明確化、③事務処理担当者の明確化、④基本方針と取扱規程の策定、という手順を踏むことが求められており、具体内容は次の通りです。

① マイナンバーを取り扱う事務範囲の明確化

どのような事務でマイナンバーを扱うのかを明確化します。特に、マイナンバーの記載書類の処理に関わる事務（個人番号関係事務）や、マイナンバーの記載書類を受領する事務（個人番号利用事務）の範囲を明らかにすることが必要です。

② 事務処理のために必要な特定個人情報の明確化

事務処理で必要なマイナンバー（特定個人情報）や、マイナンバーに結び付けられている情報（氏名や生年月日）の範囲を明確化します。

③ 事務処理担当者の明確化

取り扱うマイナンバーに関する事務処理や管理を担当する責任者を明確化します。

④ 基本方針と取扱規程の策定

適正にマイナンバーを取り扱い、保管するためには、統一した基本方針や具体的に依拠すべき取扱規程を定める必要があります。

基本方針とは、施設が一体となってマイナンバーに関する情報を適正に扱うための指針を示したものです。マイナンバーに関する情報を取り扱うにあたり遵守すべき法令やガイドラインを明確化し、安全管理措置について整備すべき事項や、質問・苦情処理のための担当部署や手続きについて定めます。

一方、取扱規程とは、それぞれの事業形態に合わせて作成した具体的な定めをいいます。マイナンバーを管理する必要が生じる各事務処理の段階ごとに、マイナンバーの取得方法や責任者やその事務内容に関して定めを置きます。

● 第三者への提供は禁止されている

施設側が従業員等のマイナンバーを取得する必要がある場合には利用目的を特定し、持ち主である従業員等に通知する必要があります。この場合、従業員等が提供するマイナンバーの利用目的は特定されなければならないため、施設側は具体的な事務の内容を示して通知を行う必要があります。

なお、取得した個人番号等の目的外の取得・利用・保管はマイナンバー法において禁止されています。

また、特定個人情報は、たとえ本人の同意があったとしても法律が定める範囲を超えてマイナンバーを第三者に提供することは許されません。また、マイナンバーに関する情報を含む特定個人情報についてもマイナンバー法が定める目的を超えた作成・保管はできません。

● 4つの措置がある

　マイナンバー法では、個人情報保護法の下と同様、マイナンバー等に関する安全管理措置について、基本的に以下の4つの安全管理措置を中心にした規定を置いています。

・組織的安全管理措置

　施設の体制を整えることで、マイナンバーに関する情報等が漏えいすることを防ぐなどの適切な体制を整備する方法です。具体的には、マイナンバー情報を取り扱う責任者を明確にすることや、マイナンバー事務担当者を明確に分担しておくことが求められます。

・人的安全管理措置

　マイナンバーに関する事務担当者に対する監督や教育のことです。施設側は事務担当者に対して取扱規程に照らした上で、適切にマイナンバーに関する事務を行っているかを判断する体制を整える必要があります。また、従業員に対して適正にマイナンバーに関する事務を処理する必要があることを周知しなければなりません。

・物理的安全管理措置

　マイナンバーを取り扱う場所の入退室や、保存するロッカーの施錠などの物理的措置をいいます。マイナンバーが記録された電子機器・電子媒体の盗難防止対策などのことです。

・技術的安全管理措置

　不正アクセスの防止策のことです。重要なマイナンバーに関する情

■ マイナンバー取扱いの流れ

従業員等 → 個人番号の取得 → 社会保障・租税分野での書類提出
　　　　　　　　　　　　　→ 企業への提示
　　　　　　　　　　　　　　　｛収集・保管
　　　　　　　　　　　　　　　　利用・提供・廃棄体制

報についてはアクセス者の限定やウイルスソフトによる対策をしておくことで、情報の漏えいなどを防ぐことができます。

● 中小規模事業者の安全管理措置

　個人事業主など、1人でも従業員を雇っている事業者であればマイナンバーに関する情報に対する安全管理措置をとる義務が課せられます。

　しかし、小規模施設の事業者がいきなり大企業と同レベルの安全措置をとる必要に迫られた場合、過度の負担が生じる可能性があります。

　そこで、中小規模の事業者については、ガイドライン（特定個人情報の適正な取扱いに関するガイドラインに別添の特定個人情報に関する安全管理措置）が設けられています。この特例的な措置としてのガイドラインにより、安全管理措置の一部が緩和されています。

　特例措置の対象となる中小規模事業者とは、従業員100名以下で金融分野以外の事業者であり、かつ個人情報取扱事業者や個人番号利用実施者等に該当しない事業者のことです。

● 保管期間が過ぎると廃棄する必要がある

　マイナンバー法により、法定保存期限がある書類・帳票は、法定保存期限が過ぎたときに廃棄しなければなりません。法定保存期限がある書類・帳票には、雇用契約書、賃金台帳、扶養控除等申告書などがあります。なお、個人番号が記載されている法定保存期限がある書類や台帳であっても、個人番号それ自体には法定保存期限がないことに注意する必要があります。これは、マイナンバー法により、必要な事務を処理する必要が認められる限り個人番号を保管することができると規定されているためです。また、処理する必要がなくなった場合には速やかに廃棄しなければなりません。

● 廃棄の際に気をつけること

廃棄の際には、以下の点に気をつける必要があります。

① **廃棄する書類・台帳の単位**

個人番号が記載されている1つの書類を複数の目的のために使用している場合は、すべての目的がなくなった時点で書類を廃棄します。

② **廃棄のタイミング**

マイナンバーが記載される書類等の中には、法令により法定保存期間が定められているものもあります。ガイドラインでは、事務処理上の必要がなくなり、マイナンバーについて廃棄しなければならない場合でも、その法定保存期間を経過するまで書類等に記載された個人番号について保管することになると記載されています。そして、法定保存期限を過ぎた後に、できる限り速やかに書類・台帳を廃棄する必要があります。

③ **廃棄の方法**

廃棄は復元不可能な方法で行わなければならず、管理者も含め二度と個人番号等の情報を見ることができない状態にする必要があります。

たとえば、データ上で保管している個人情報を他の者が閲覧できないようにするなどの方法では廃棄とはいえません。データ上の情報であればデータ部分の削除が求められます。また、紙ベースの情報であれば、情報の部分を黒く上塗りすることで部分的に廃棄することも可能です。

■ データや書類の廃棄

【監修者紹介】
若林　美佳（わかばやし　みか）

1976年神奈川県生まれ。神奈川県行政書士会所属。平成14年行政書士登録。相武台行政書士事務所（平成22年2月に行政書士事務所わかばに名称を変更）を設立。病院勤務等の経験を生かし開業当初から、福祉業務に専念し、医療法人・社会福祉法人設立等法人設立を主要業務としている。また、福祉法務に関するエキスパートとして地域の介護支援専門員等との交流を深め、福祉ネットワークを組んでいる。介護保険分野では、多くの介護サービス事業所や特別養護老人ホーム設置等を手がけ、創業・運営についてコンサルティングも行っている。また、株式会社大樹苑の代表取締役に就任し、住宅型有料老人ホームの経営も行っている。
監修書に『介護保険と成年後見のしくみと手続き』『改訂新版　介護・福祉の法律　しくみと手続き』『遺言書の書き方と生前契約書のしくみ』『老人ホーム選びと介護施設トラブル解決マニュアル』『介護ビジネス開業のための法律と実践書式46』『障害者総合支援法のしくみと福祉施設運営手続きマニュアル』『図解で早わかり　最新版　福祉の法律と手続き』『図解とQ&Aでスッキリ！　障害者総合支援法のしくみ』『図解　福祉の法律と手続きがわかる事典』『介護保険・障害者総合支援法のしくみと疑問解決マニュアル129』『社会保障・介護福祉法律用語辞典』（小社刊）などがある。

行政書士事務所 わかば
http://www.mikachin.com/kaigoindex

事業者必携
入門図解　これだけは知っておきたい
介護施設の法律問題・施設管理マニュアル

2016年9月10日　第1刷発行

監修者　　若林美佳
発行者　　前田俊秀
発行所　　株式会社三修社
　　　　　〒150-0001　東京都渋谷区神宮前2-2-22
　　　　　TEL　03-3405-4511　FAX　03-3405-4522
　　　　　振替　00190-9-72758
　　　　　http://www.sanshusha.co.jp
　　　　　編集担当　北村英治
印刷・製本　萩原印刷株式会社

©2016 M. Wakabayashi Printed in Japan
ISBN978-4-384-04691-5 C2032

Ⓡ〈日本複製権センター委託出版物〉
本書を無断で複写複製（コピー）することは、著作権法上の例外を除き、禁じられています。本書をコピーされる場合は事前に日本複製権センター（JRRC）の許諾を受けてください。
JRRC（http://www.jrrc.or.jp　e-mail：jrrc_info@jrrc.or.jp　電話：03-3401-2382）